GUÍA BÁSICA DE

DIBUJO

Perspectiva
y composición

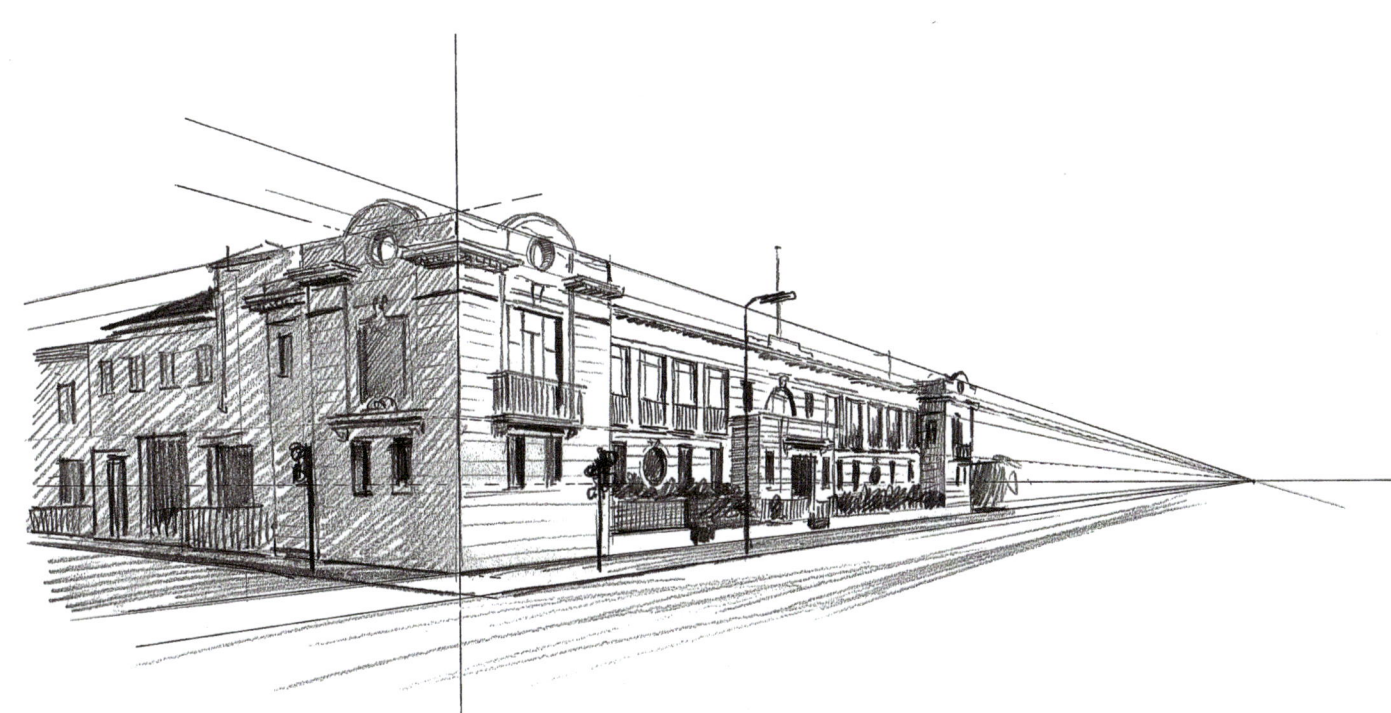

BARRINGTON BARBER

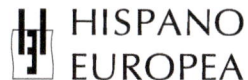

HISPANO
EUROPEA

Título de la edición original:
Essential Guide to Drawing Perspective & Composition

© Arcturus Publishing Limited/Barrington Barber
26/27 Bickels Yard, 151–153 Bermondsey Street,
London SE1 3HA

© de la edición en castellano, 2019:
Editorial Hispano Europea, S. A.
Primer de Maig, 21 - Pol. Ind. Gran Via Sud
08908 L'Hospitalet (Barcelona), España
E-mail: hispanoeuropea@hispanoeuropea.com

© de la traducción: Esther Gil

Depósito Legal: B. 24.495-2013

ISBN: 978-84-255-2077-8

Segunda edición

Consulte nuestra web:
www.hispanoeuropea.com

Impreso en España

GUÍA BÁSICA DE

DIBUJO

Perspectiva
y composición

INDICE

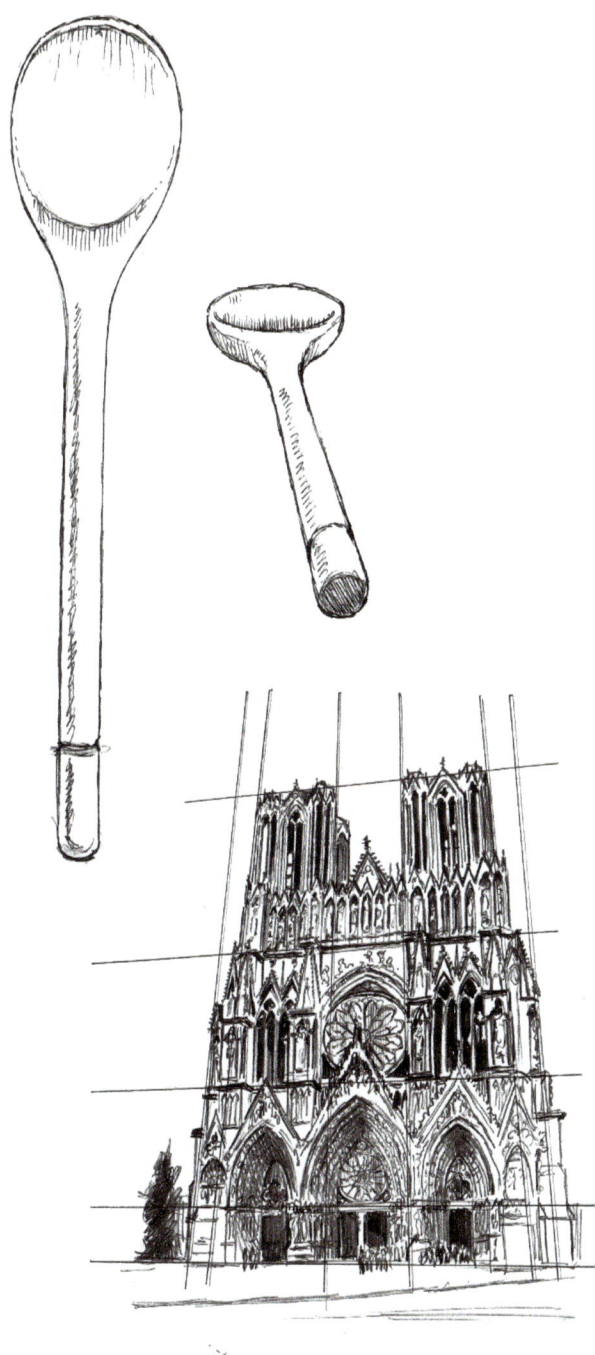

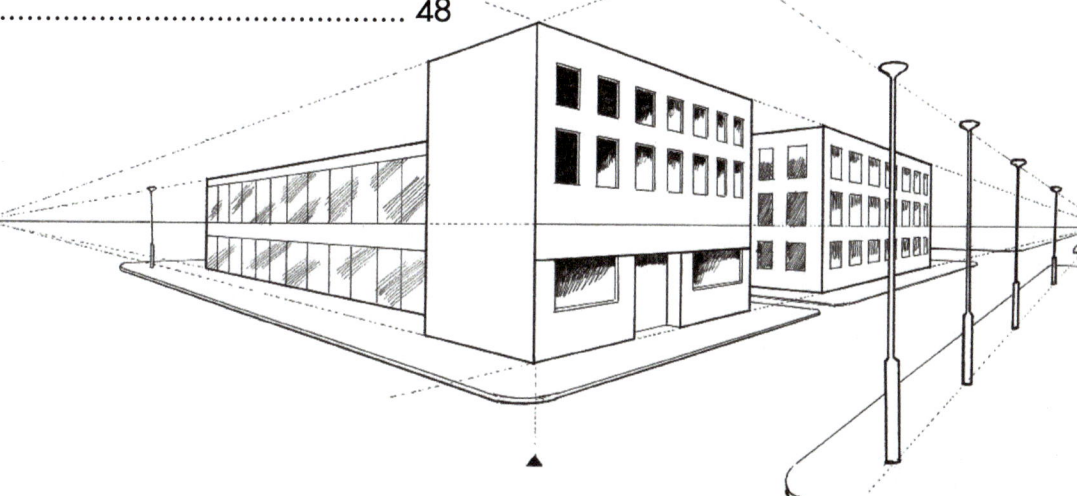

///// Introducción

Utilizar la perspectiva es una técnica para hacer que un dibujo en dos dimensiones (con largo y ancho) parezca adquirir una tercera dimensión (la profundidad). La perspectiva fue el gran descubrimiento de los artistas italianos renacentistas, basado en principios matemáticos. El famoso arquitecto e ingeniero Filippo Brunelleschi es considerado el primero en descubrir y poner a prueba las leyes de la perspectiva. Pintó un dibujo del baptisterio de Florencia de acuerdo con su propio sistema de líneas horizontales y puntos de fuga.

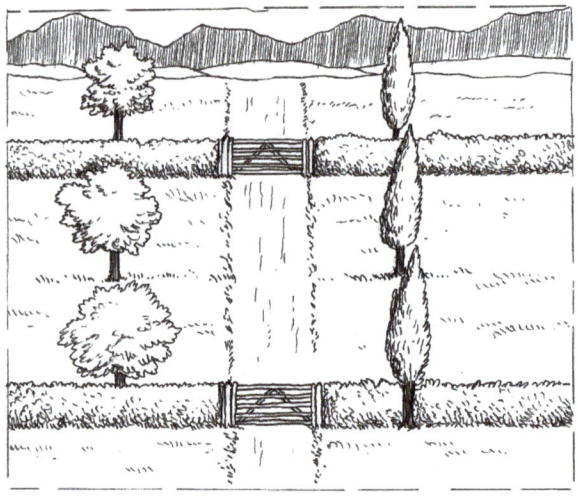 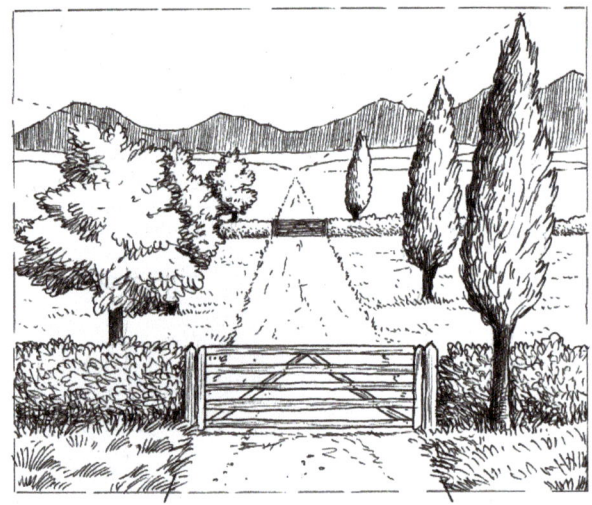

Compara los dos dibujos que se muestran, uno dibujado sin prestarle demasiada atención a la perspectiva y el otro trazado según el sistema de perspectiva del punto único.

Hay que fijarse en que los árboles y las vallas tienen todos el mismo tamaño en el primer dibujo, mientras que en el segundo son más grandes cuando están más cerca del observador y más pequeños a medida que se alejan. Asimismo, el camino tiene la misma anchura incluso cuando está ya lejos, en el horizonte, y no hay diferencia entre la textura de los árboles y los arbustos más cercanos y los más lejanos. El resultado es un efecto de un paisaje bastante plano.

La segunda versión muestra lo que ocurre cuando se diseña un método para interpretar

el mismo paisaje en términos de espacio. Los objetos más cercanos son más grandes y tienen mayor textura que los que están más lejos, con la que aportan una sensación de profundidad en el dibujo. El camino parece estrecharse a medida que va haciéndose mayor la distancia, hasta desaparecer en un único punto en el horizonte. Aunque se trata de un dibujo bastante sencillo, el efecto es inmediato.

Hay una perspectiva subyacente a la composición en la mayoría de las obras de arte. En este libro observaremos cómo se pueden emplear las técnicas de perspectiva para mejorar tus dibujos y hacer que parezcan más convincentes a los ojos del espectador.

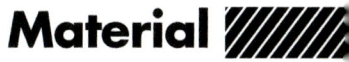

Cualquier material es válido para dibujar la perspectiva y aquí te muestro una gran gama de posibilidades. Seguramente no tendrás que comprarte todas las herramientas que muestro aquí y vale la pena ir experimentando de forma gradual. Empieza con la gama de lápices que sugiero y, cuando te sientas preparado para probar algo nuevo, no lo dudes. Para el papel, recomiendo empezar con papel de dibujo de peso medio.

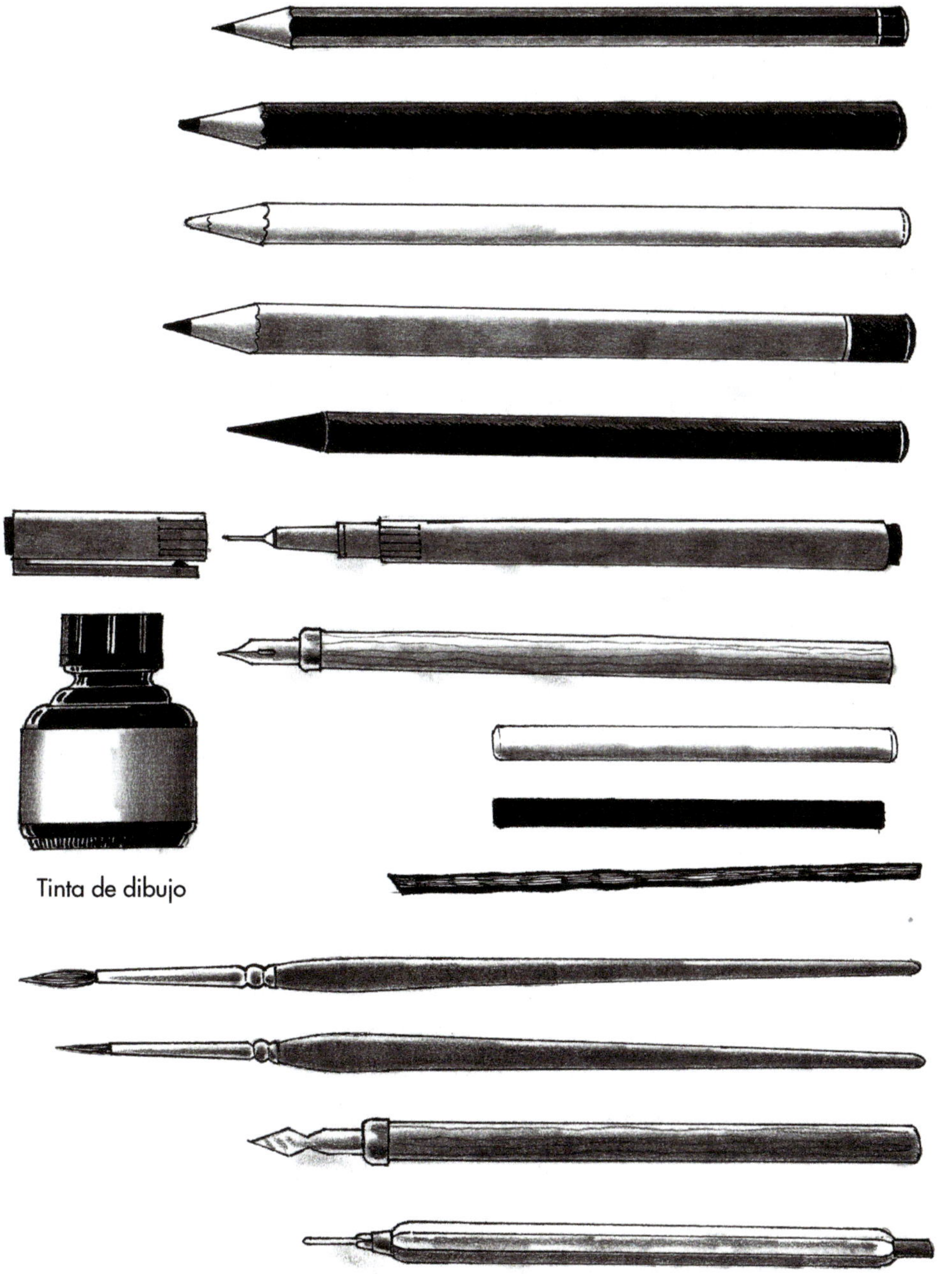

Lápices HB, B, 2B, 4B

Lápiz conté de carbón

Lápiz blanco de carbono

Lápiz de grafito

Rotulador puntafina

Pluma fina

Tiza blanca

Barra conté

Carboncillo

Tinta de dibujo

Pincel fino n.º 5

Pincel de nilón n.º 2

Herramienta de esgrafiado

Punzón

Vista cónica

Cuando miramos hacia cualquier parte siempre hay un campo de visión que nos rodea y que puede dividirse en la zona en la que vemos las cosas con claridad y, en la periferia, otra zona en la que nos cuesta definir las cosas. El efecto general es crear una visión cónica dentro de la cual podemos ver los objetos con claridad y fuera de la cual no podemos distinguir gran cosa a parte de la luz y la oscuridad.

En el diagrama, hay una figura de pie en un punto del espacio que llamamos el «punto de estación». Desde este punto la figura mira de frente en el centro de la línea de visión. El horizonte está situado de forma natural a la altura de los ojos y donde la línea de visión corta en el horizonte es el punto central de una zona que incluye todo lo que se puede ver de frente. El círculo de visión es parte de la visión cónica que se encuentra con el plano pictórico. Esta es la zona en la que se dibujan todas las imágenes. Suele ser perpendicular al plano del suelo de la superficie en la que estamos. El plano pictórico cubre una zona que contiene todo lo que englobaría el dibujo. Puede tomarse la decisión de salirse de la zona pictórica pero es posible dibujarlo todo dentro de este espacio.

Plano pictórico

Vista cónica

Nivel del ojo u horizonte

Punto de estación

Plano del suelo

Nivel del ojo

Relaciones en el plano pictórico

El poste y la parte superior del árbol aparecerán nivelados.

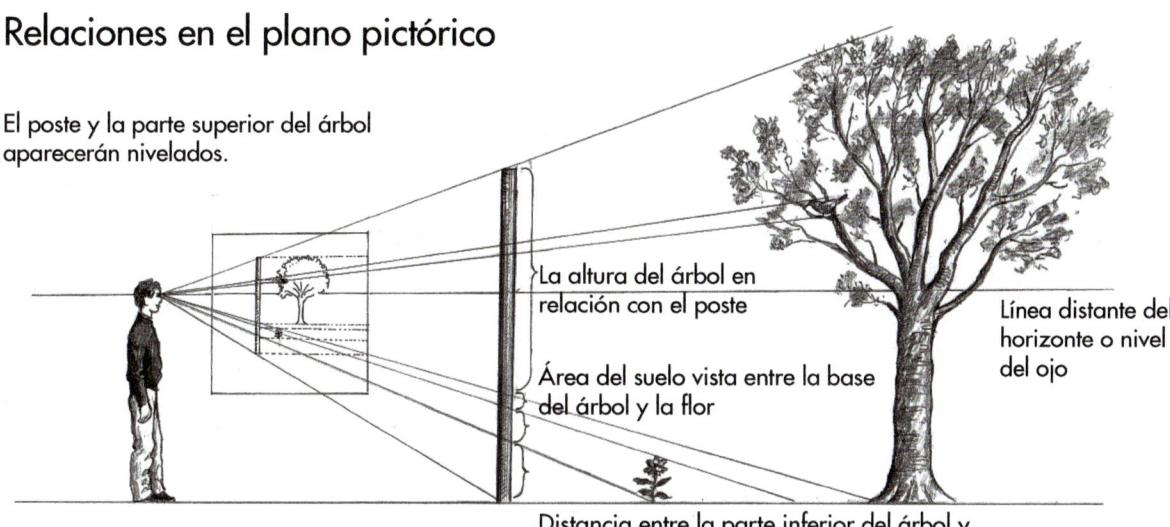

La altura del árbol en relación con el poste

Área del suelo vista entre la base del árbol y la flor

Línea distante del horizonte o nivel del ojo

Distancia entre la parte inferior del árbol y la parte inferior del poste

Aquí vemos la relación entre el árbol, el poste y las flores y la línea del horizonte. Como puede verse, el árbol en el dibujo parece más pequeño que el poste, aunque en realidad el poste es más bajo que el árbol. Este es el efecto de la perspectiva, ya que el árbol está más lejos que el poste. También hay un área del suelo entre la parte inferior del árbol y la flor. La línea del horizonte es la misma que el nivel del ojo del espectador.

Utilizar una unidad común de medición

Un tema que comporte más elementos, como es el dibujar una calle, en el que las proporciones y la perspectiva tienen que tenerse en cuenta, puede ser difícil de dibujar con precisión a menos que se utilice algún sistema de medición.

Para la escena urbana que se muestra aquí he elegido un elemento dentro de la imagen como unidad de medición (la ventana inferior cerrada que vemos de frente) y la he utilizado para comprobar las proporciones de cada zona de la composición. Como puede verse, la parte alta del edificio que tenemos en frente es unas seis veces la altura de la ventana. La anchura de todo el edificio es el doble de la altura de la ventana en su parte más alta y adicionalmente seis veces la altura de la ventana en su parte más baja, la que solo tiene una planta, cerca del borde del cuadro.

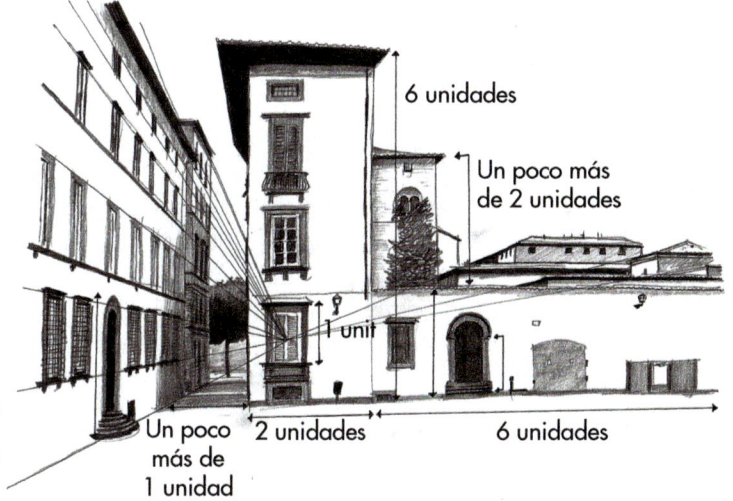

6 unidades

Un poco más de 2 unidades

1 unit

Un poco más de 1 unidad

2 unidades

6 unidades

Perspectiva simple

Las reglas de perspectiva son bastante sencillas, pero hay muchas maneras de contrastar las líneas de perspectiva para que adquieran el efecto deseado. Dibujar a partir de la observación te ayudará a saber cómo funciona la perspectiva en realidad. Aquí estudiaremos varias técnicas que te ayudarán a aplicar la teoría.

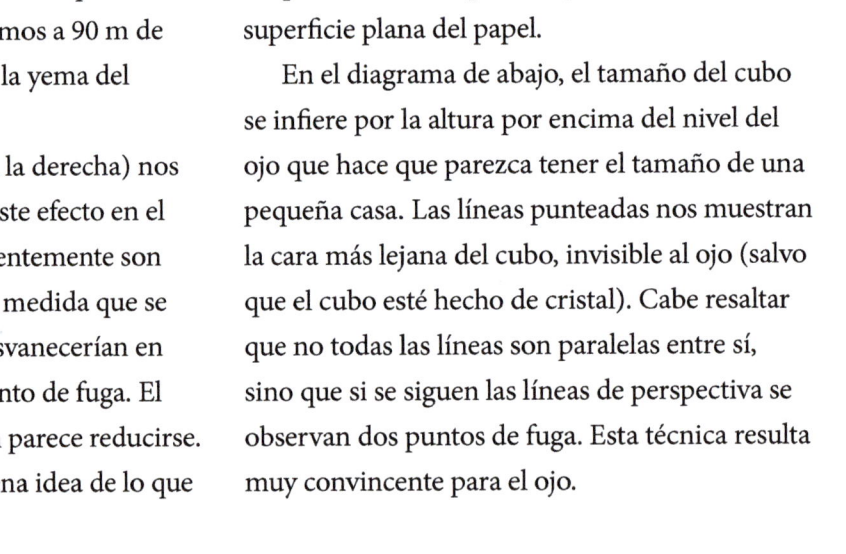

La regla número uno de la perspectiva es que los objetos del mismo tamaño real parecen más pequeños cuanto más lejos están del espectador. Por lo tanto, un hombre de 1,80 metros que esté a unos 1,8 metros de distancia parecerá que tiene la mitad de su altura real. Si está a unos 4,6 metros de distancia parecerá que tiene unos 20 cm de altura. Si lo ponemos a 90 m de distancia será más pequeño que la yema del pulgar y así sucesivamente.

El primer diagrama (arriba a la derecha) nos aporta una idea de cómo crear este efecto en el plano pictórico. Los postes aparentemente son más pequeños y más delgados a medida que se acercan al punto en el que se desvanecerían en el horizonte, conocido como punto de fuga. El espacio entre los postes también parece reducirse. Esta imagen nos aporta una buena idea de lo que

ocurre en el ojo del espectador y lo útil que puede ser para crear una aparente profundidad en la superficie plana del papel.

En el diagrama de abajo, el tamaño del cubo se infiere por la altura por encima del nivel del ojo que hace que parezca tener el tamaño de una pequeña casa. Las líneas punteadas nos muestran la cara más lejana del cubo, invisible al ojo (salvo que el cubo esté hecho de cristal). Cabe resaltar que no todas las líneas son paralelas entre sí, sino que si se siguen las líneas de perspectiva se observan dos puntos de fuga. Esta técnica resulta muy convincente para el ojo.

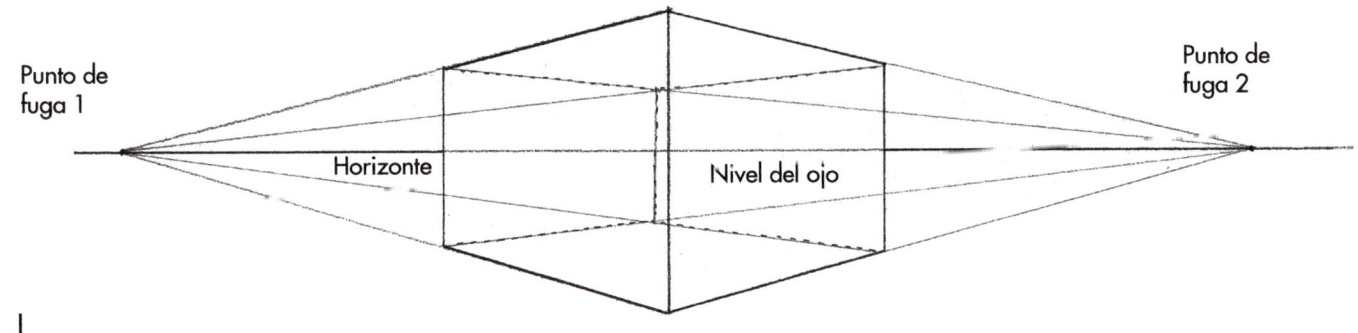

A continuación, observa este diagrama de una cocina tal y como lo dibujaría un diseñador para mostrar cómo quedan una serie de elementos al construirla. En el primer diagrama, en frente, dependíamos de un punto de fuga a nivel del ojo o del horizonte. Cualquier línea que no quede unida con el punto de fuga es horizontal o vertical.

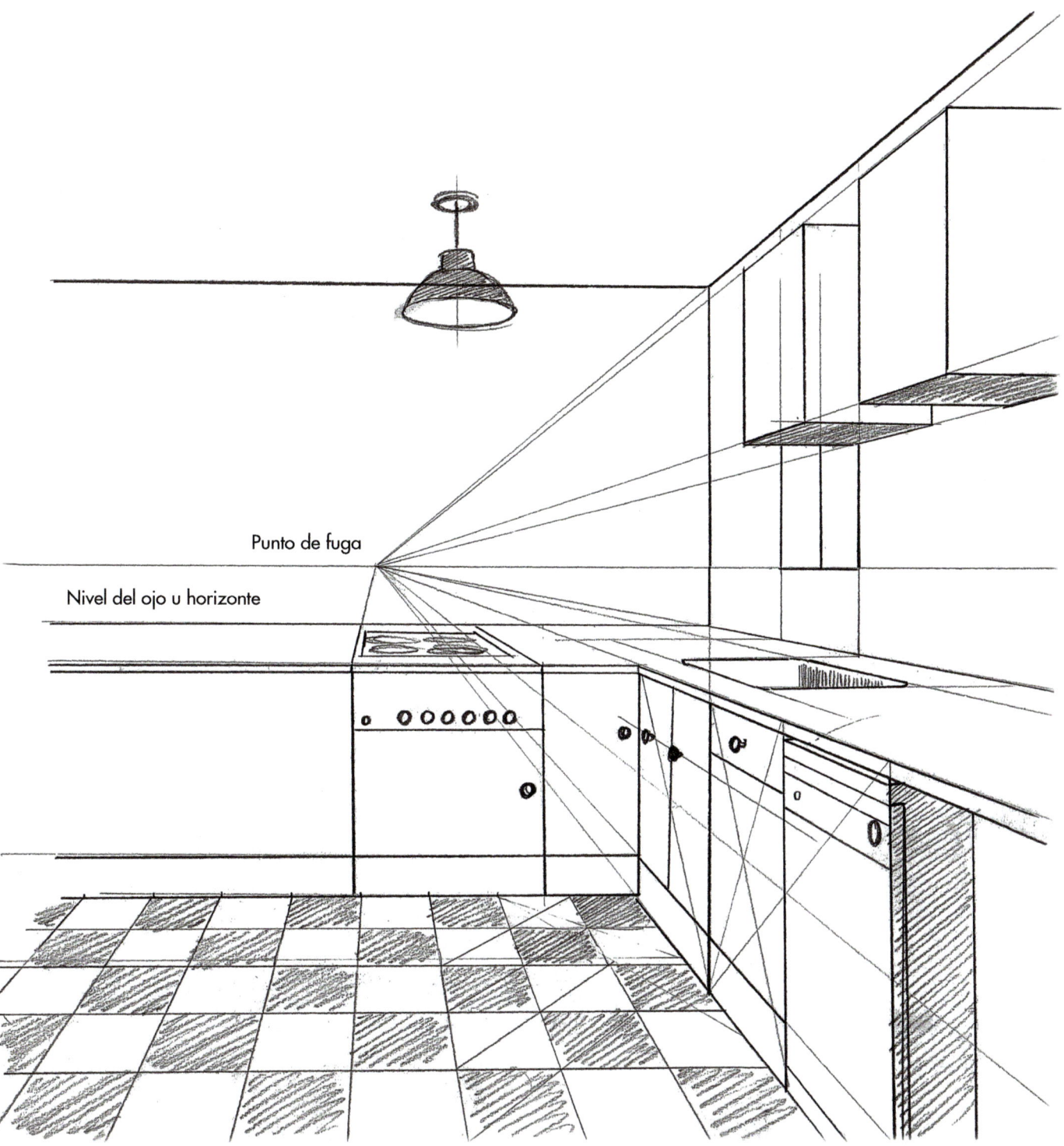

Punto de fuga

Nivel del ojo u horizonte

Perspectiva de un único punto

Cuando se crea un dibujo basado en una perspectiva con un único punto, todo en el dibujo depende del punto central de la vista. Todas las formas y elementos que se dibujen quedarán conectados con este punto, el punto de fuga.

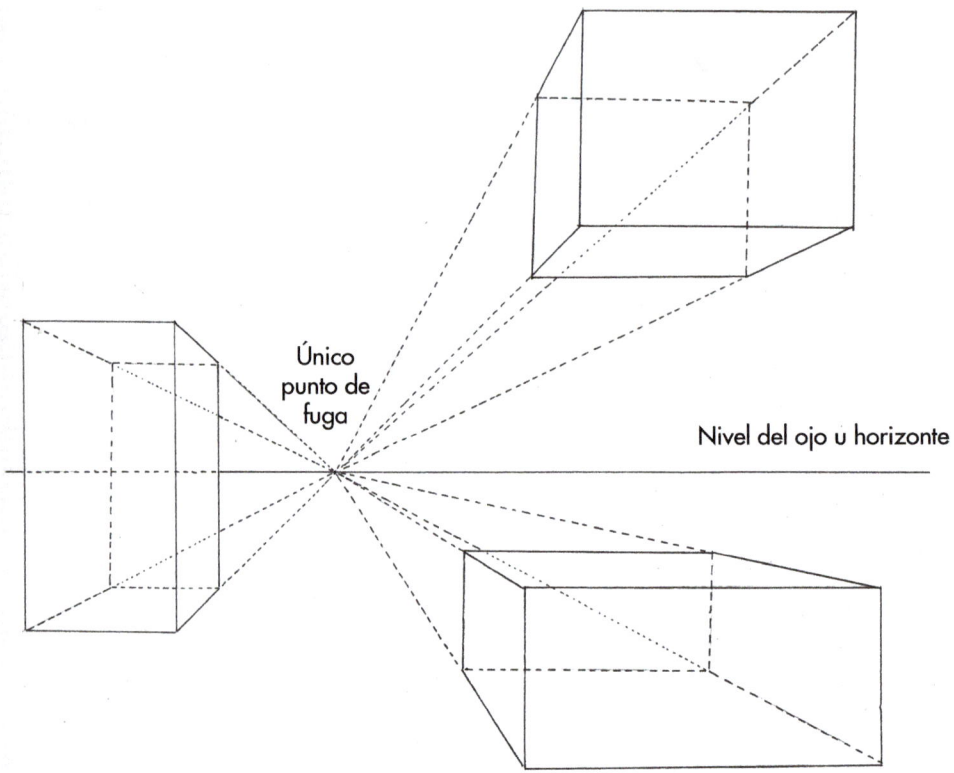

Único
punto de
fuga

Nivel del ojo u horizonte

Para construir estas formas se necesita una regla, porque es esencial dibujar las líneas rectas. Hay que crear una imagen que tenga un punto único a nivel del ojo o del horizonte y con la que todas las líneas de profundidad queden relacionadas.

Dibuja un horizonte de un extremo del papel hasta el otro extremo y sitúa un punto en el centro. A continuación, representa tres rectángulos en el espacio de dibujo, uno por encima de la línea del horizonte, otro por debajo y uno parcialmente encima y parcialmente debajo.

Con una regla, traza líneas rectas desde cada extremo de los tres rectángulos de manera que se unan en el punto central del horizonte.

Así podrás proceder a construir cubos a partir

de los rectángulos dibujando un rectángulo más pequeño tal y como marcan las líneas que se unen con el punto de fuga, para crear un cuboide tridimensional. En el cubo que hay encima del horizonte, verás que el lateral y la parte baja del cubo parecen estar flotando en el aire. En el cubo por debajo de la línea del horizonte conseguirás un efecto similar, excepto que la parte superior y la lateral quedarán visibles pero la parte de abajo no lo estará y parecerá que el cubo se apoya sobre el suelo. El tercer cubo será similar a un edificio visto a nivel del ojo porque, aparte del lado frontal, la única parte visible será el lateral y parecerá como que se alza sobre tu cabeza. Desde luego, todo es una ilusión óptica, pero muy efectiva.

Imagínate en una sala vacía como la visualizada en el diagrama que exponemos más abajo, que está basado en las líneas de perspectiva que acabamos de establecer. Aquí hay un nivel de ojo bajo, lo que significa que estamos mirándolo sentados; la habitación tiene una puerta a mano izquierda y dos ventanas a mano derecha. El suelo está completamente vacío y hay unos fluorescentes en el techo. Hay una pintura colgada de la pared de enfrente. Fíjate en cómo las líneas verticales indican la posición de visión y la línea horizontal muestra el nivel del ojo. Todos los tablones de madera del suelo parecen estar inclinados hacia el punto central, mostrando el punto de fuga. Las líneas de los tableros más limítrofes y el rodapiés de las paredes en cada lado también están inclinados hacia el punto central al igual que los marcos superiores, así como la parte inferior, de las puertas y ventanas. En otras palabras, aparte de las líneas verticales u horizontales, todas las líneas están inclinadas hacia el punto central, por lo que este sistema se llama perspectiva de punto único.

Este diagrama nos ofrece una buena idea de cómo se puede dibujar una habitación que parece que tenga profundidad y espacio. Ahora intenta ponerte de pie o sentado en una habitación de tu casa e imagínate dónde se cruzan las líneas horizontales y verticales que representan el nivel del ojo. Ése será el punto de fuga para la perspectiva, de modo que todas las líneas que no sean verticales u horizontales quedarán inclinadas.

El dibujo de la derecha muestra el enorme interior de una iglesia medieval. Demuestra cómo funciona la perspectiva de un único punto, incluso con un edificio tan inusual como este. A propósito, he omitido el mobiliario para que se pueda ver cómo las líneas de perspectiva del techo, las ventanas y las columnas convergen en un único punto.

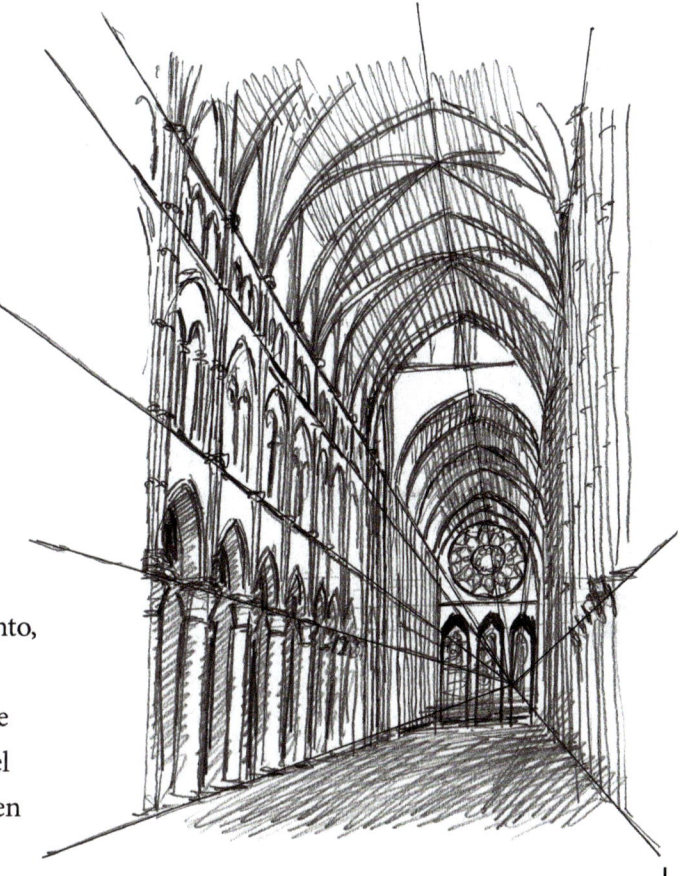

Perspectiva de dos puntos

Para llevar el espejismo tridimensional un paso más allá, hay que añadir otro punto de fuga en el horizonte para que esta vez haya uno a cada lado de la línea, creando una perspectiva con dos puntos.

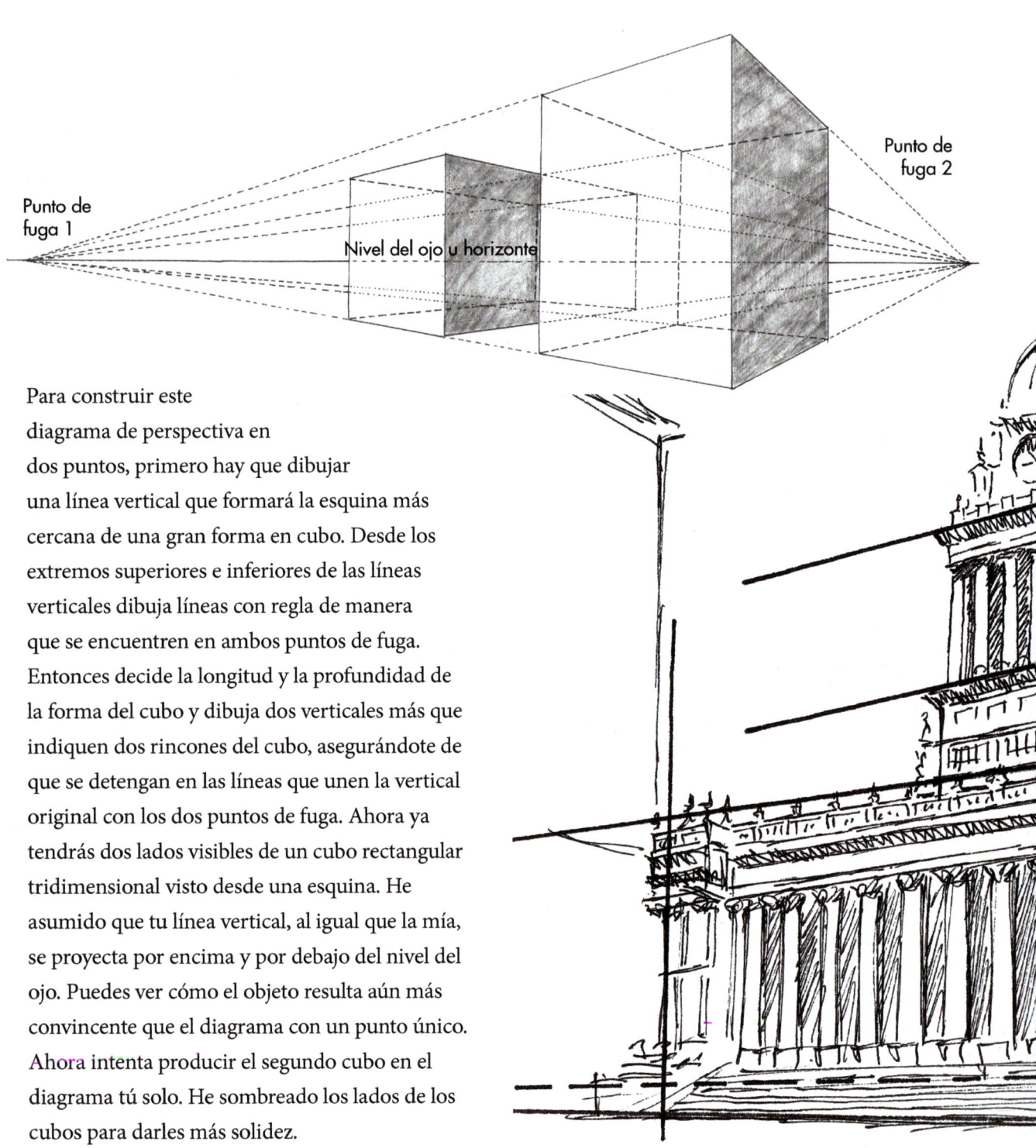

Para construir este diagrama de perspectiva en dos puntos, primero hay que dibujar una línea vertical que formará la esquina más cercana de una gran forma en cubo. Desde los extremos superiores e inferiores de las líneas verticales dibuja líneas con regla de manera que se encuentren en ambos puntos de fuga. Entonces decide la longitud y la profundidad de la forma del cubo y dibuja dos verticales más que indiquen dos rincones del cubo, asegurándote de que se detengan en las líneas que unen la vertical original con los dos puntos de fuga. Ahora ya tendrás dos lados visibles de un cubo rectangular tridimensional visto desde una esquina. He asumido que tu línea vertical, al igual que la mía, se proyecta por encima y por debajo del nivel del ojo. Puedes ver cómo el objeto resulta aún más convincente que el diagrama con un punto único. Ahora intenta producir el segundo cubo en el diagrama tú solo. He sombreado los lados de los cubos para darles más solidez.

En el dibujo de dos perspectivas de abajo, observa cómo parece que las farolas sean más y más pequeñas a medida que se alejan del punto de visión. Las partes de arriba y de debajo de las farolas están alineadas y las líneas de la parte superior de los edificios pueden juntarse en línea recta con uno de los puntos de fuga. Lo mismo es aplicable a las ventanas, las puertas y las aceras. La esquina del edificio más cercano está en vertical y el resto de partes del edificio parecen disminuir a medida que se alejan de este punto.

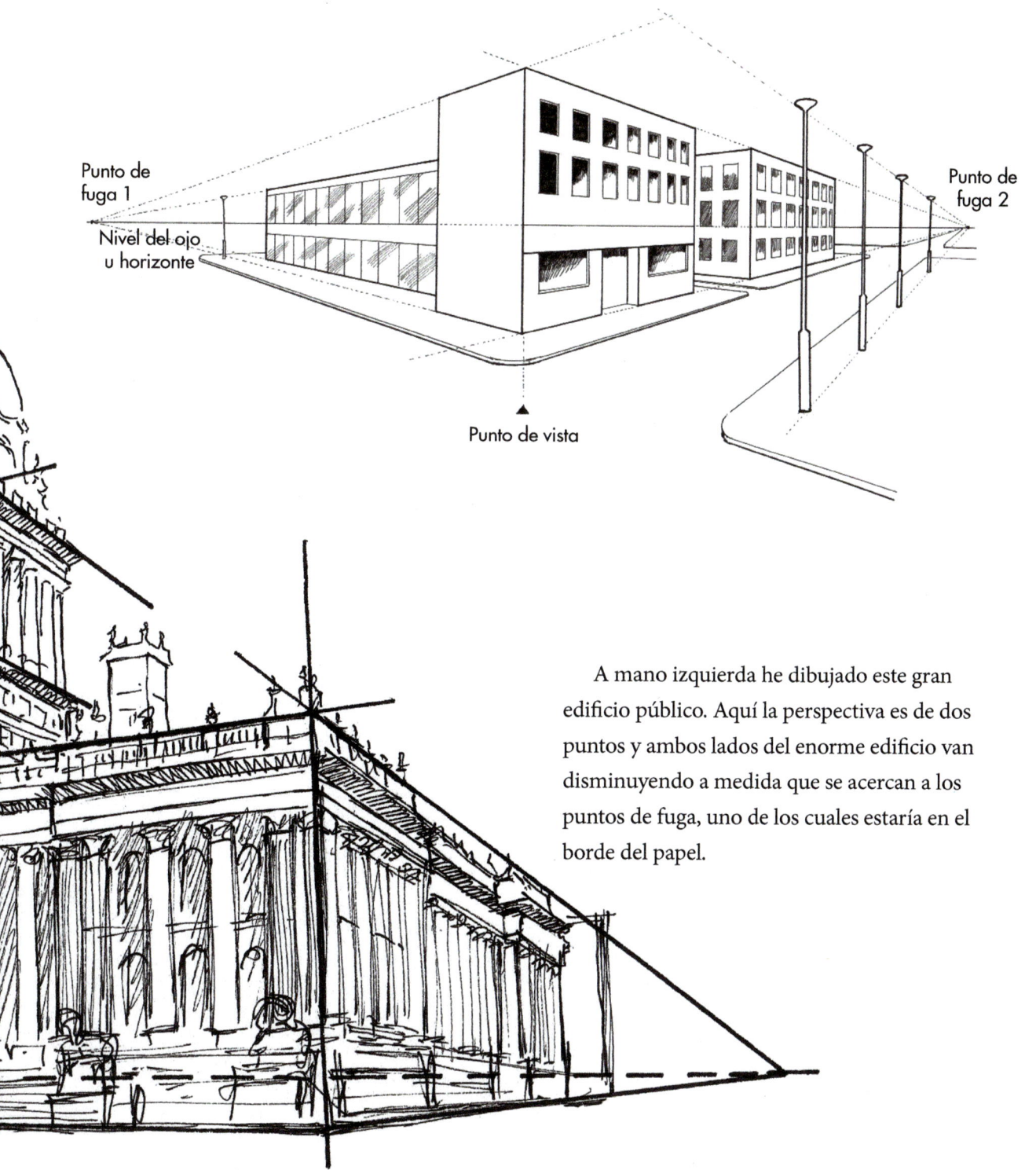

Punto de fuga 1

Nivel del ojo u horizonte

Punto de fuga 2

Punto de vista

A mano izquierda he dibujado este gran edificio público. Aquí la perspectiva es de dos puntos y ambos lados del enorme edificio van disminuyendo a medida que se acercan a los puntos de fuga, uno de los cuales estaría en el borde del papel.

//// Perspectiva de tres puntos

La perspectiva de tres puntos casi nunca se utiliza pero mi intención aquí es explicar cómo funciona de todos modos. Es aplicable a dibujos de edificios muy altos. Es difícil visualizar una perspectiva de tres puntos en la vida real a menos que uno esté mirando desde la pase de un edificio con esas características.

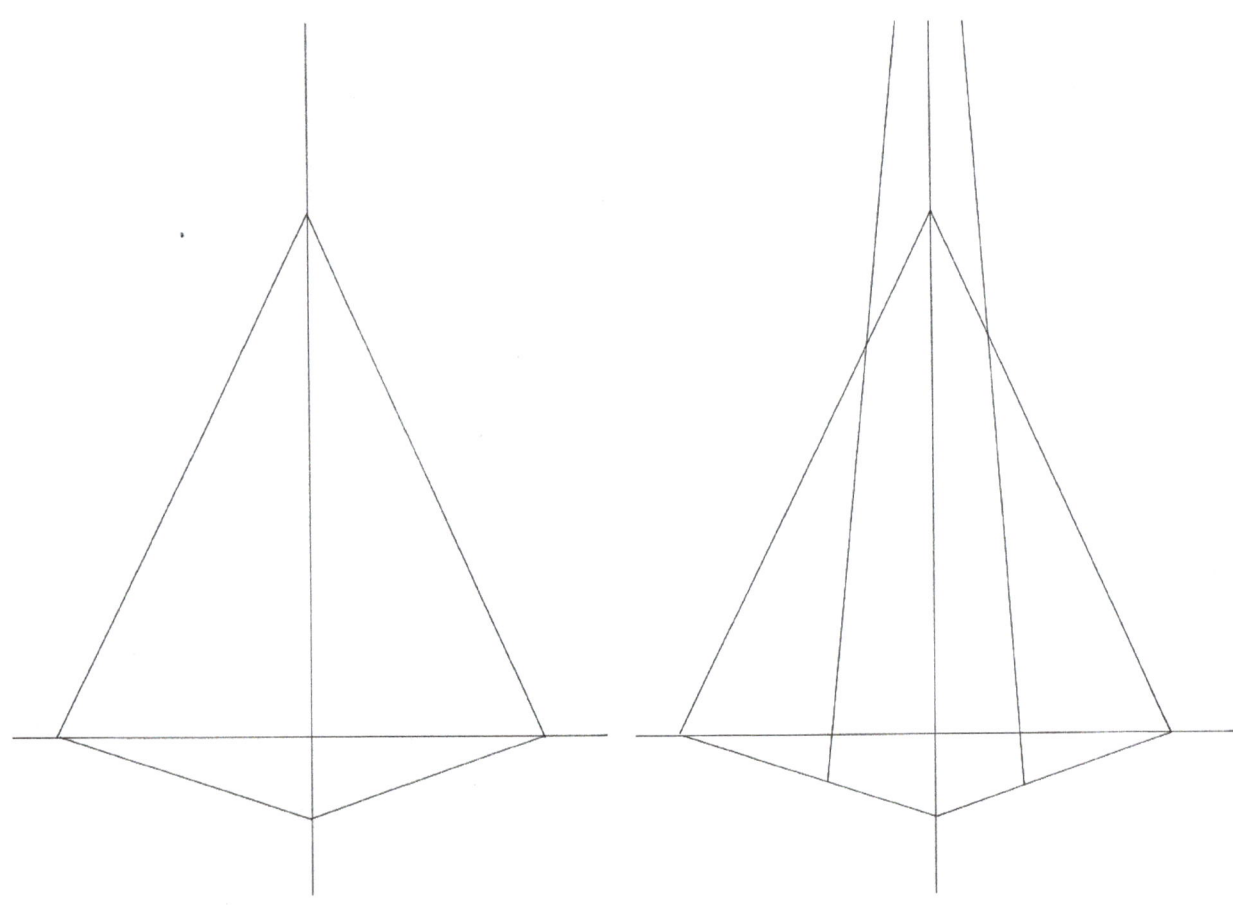

En primer lugar, como hicimos anteriormente, he dibujado una línea horizontal en el papel. Después de fijar dos puntos de fuga en la izquierda y en la derecha, los he unido con una línea vertical dibujada en el centro, al igual que en la página 14. En este caso, la parte superior de la vertical debería ser lo más alta posible dentro del papel que tengamos, mientras que el punto más bajo debería estar cerca de la línea del nivel del ojo. Así, como puedes ver, se crea un cuadrilátero muy alto.

Ahora dibuja dos líneas a cada lado de la vertical central de modo que se inclinen de igual manera en la parte superior como si hubiese un tercer punto de fuga vertical en el horizonte, tan alto que necesitarías un papel enorme para dibujarlo.

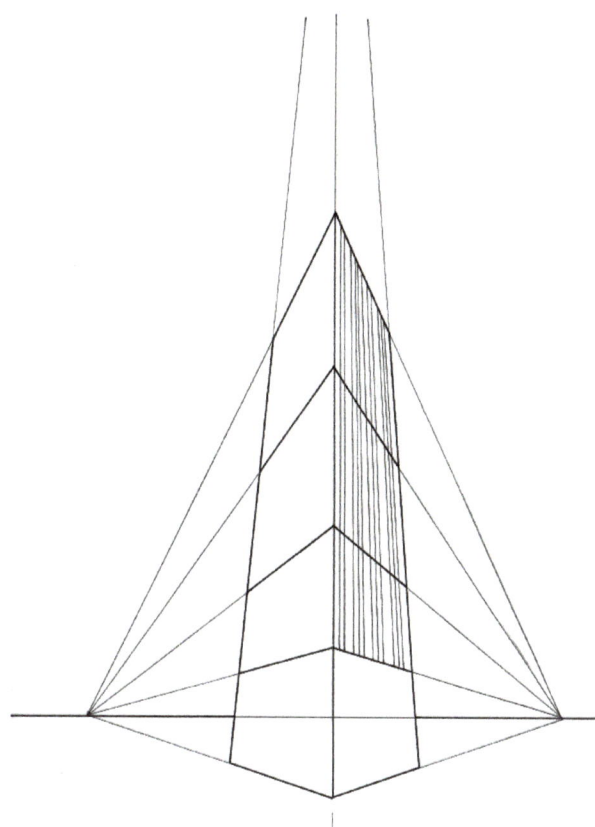

Dibuja algunas líneas más desde dos puntos de fuga visibles para indicar niveles diferentes en la superficie de este gran edificio, de modo que parezca un rascacielos visto desde abajo. Desde luego, los ángulos del edificio se han exagerado en gran medida, pero aun así puedes hacerte una idea. Recuerda que la perspectiva es solo una manera de ayudar a engañar al ojo para que crea en la solidez del edificio y la profundidad del espacio, que suele desmoronarse si uno se lo toma demasiado literalmente.

Este edificio de la enorme catedral de Reims en Francia nos ayuda a ver la perspectiva desde tres puntos. La impresionante altura del edificio y el hecho de que el punto de visión esté tan cerca implica incluir un tercer punto de fuga en lo alto del cielo, por encima de la catedral. Todas las líneas verticales inclinadas en los lados del edificio tienen que encontrarse en algún punto por encima de la hoja de papel.

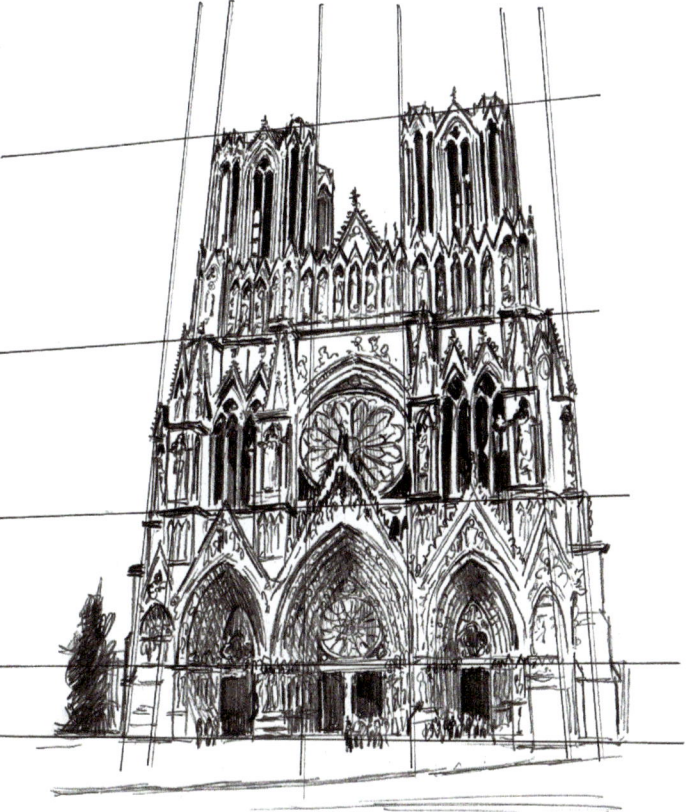

////// Diagramas de perspectiva

Este ejercicio puramente diagramático nos permite practicar la perspectiva en el dibujo para que poco a poco puedas aplicarla sin toda la construcción de líneas porque tu mente ya habrá absorbido los principios. La coordinación del ojo y la mente se adquiere gracias a la repetición y la práctica.

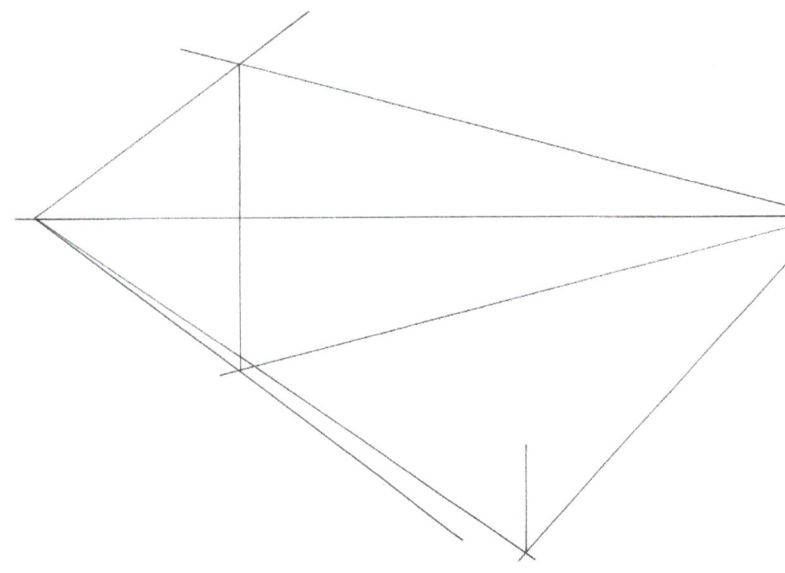

1. Dibuja la línea del horizonte y los puntos de fuga para una perspectiva con dos puntos, como hemos hecho antes. Esta vez, dibuja una línea vertical hacia la izquierda de la página y otra línea más pequeña, también vertical, en la parte inferior del papel, tal y como se muestra aquí. A continuación, une la parte superior y la parte inferior de la vertical más grande hacia los puntos de fuga; une solo el extremo inferior de la vertical más pequeña.

2. Ahora dibuja dos verticales más para formar el cubo, con un tamaño mucho mayor, y únelas junto con el extremo superior de la vertical más pequeña que habías dibujado antes para llegar a los puntos de fuga. A continuación, traza dos elipsis en el extremo superior del bloque más pequeño.

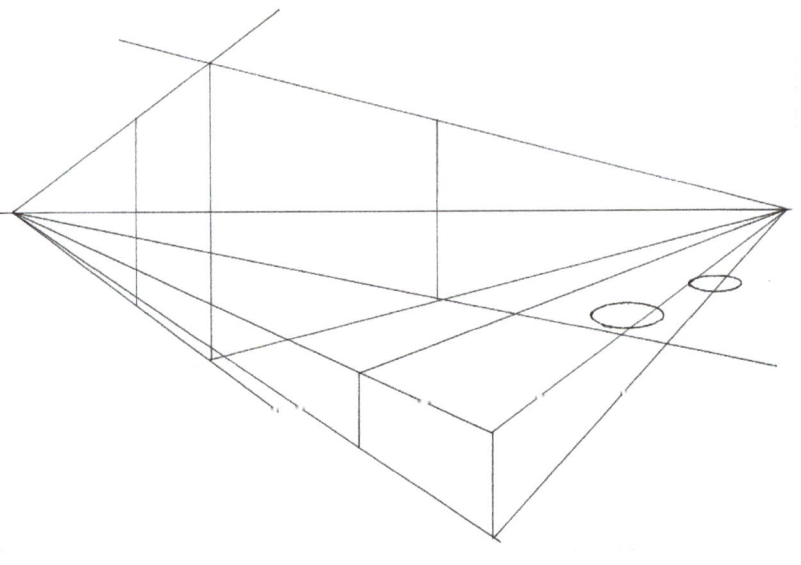

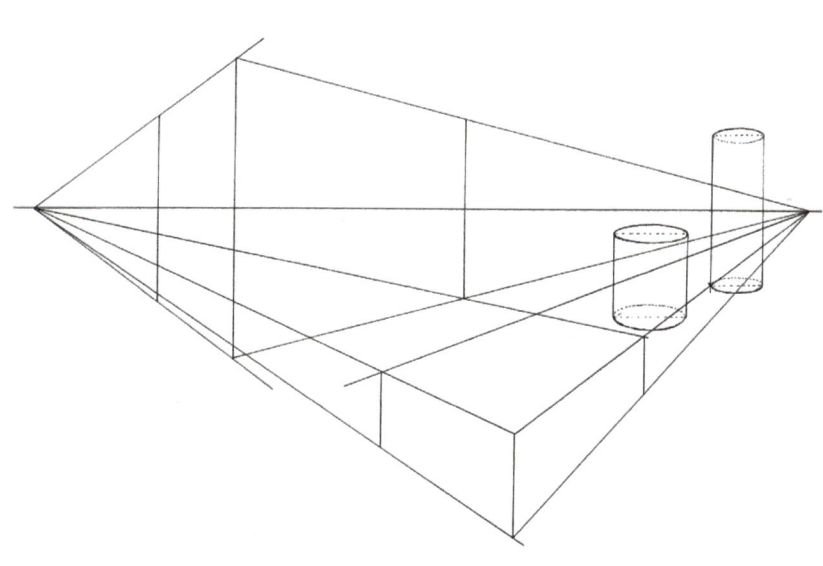

3. A continuación, completa
el bloque inferior tal y como
mostramos y dibuja unas verticales
desde los extremos más estrechos
de las dos elipsis. Un par de
verticales deberían detenerse por
debajo de la línea del horizonte y
otro par debería continuar más allá
de esta. Dibuja dos elipsis más para
completar los cilindros, uno alto y
otro más bajo.

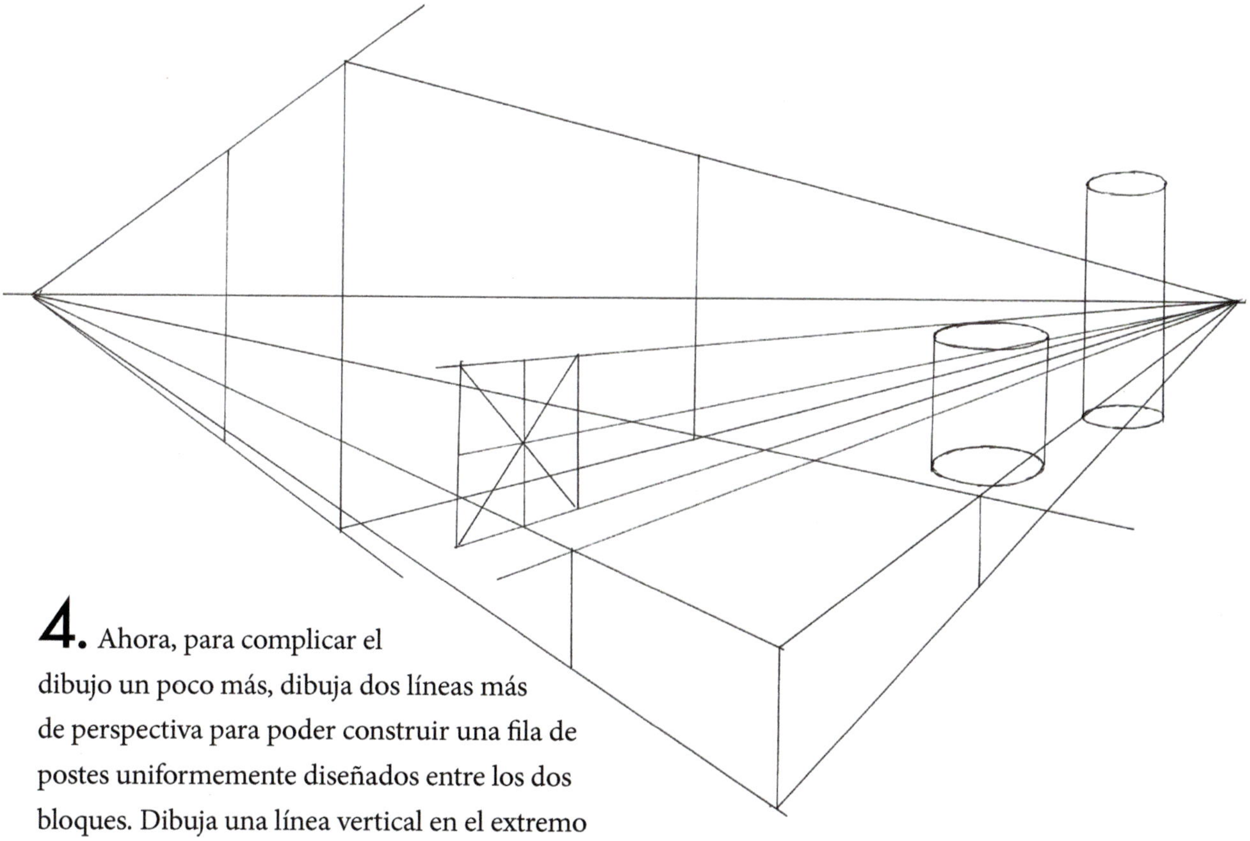

4. Ahora, para complicar el
dibujo un poco más, dibuja dos líneas más
de perspectiva para poder construir una fila de
postes uniformemente diseñados entre los dos
bloques. Dibuja una línea vertical en el extremo
inferior y otra línea vertical a corta distancia para
producir un cuadrilátero. Diseña las diagonales
dentro del cuadrilátero y a continuación traza otra
vertical y una línea de perspectiva que corte donde
se unen las diagonales.

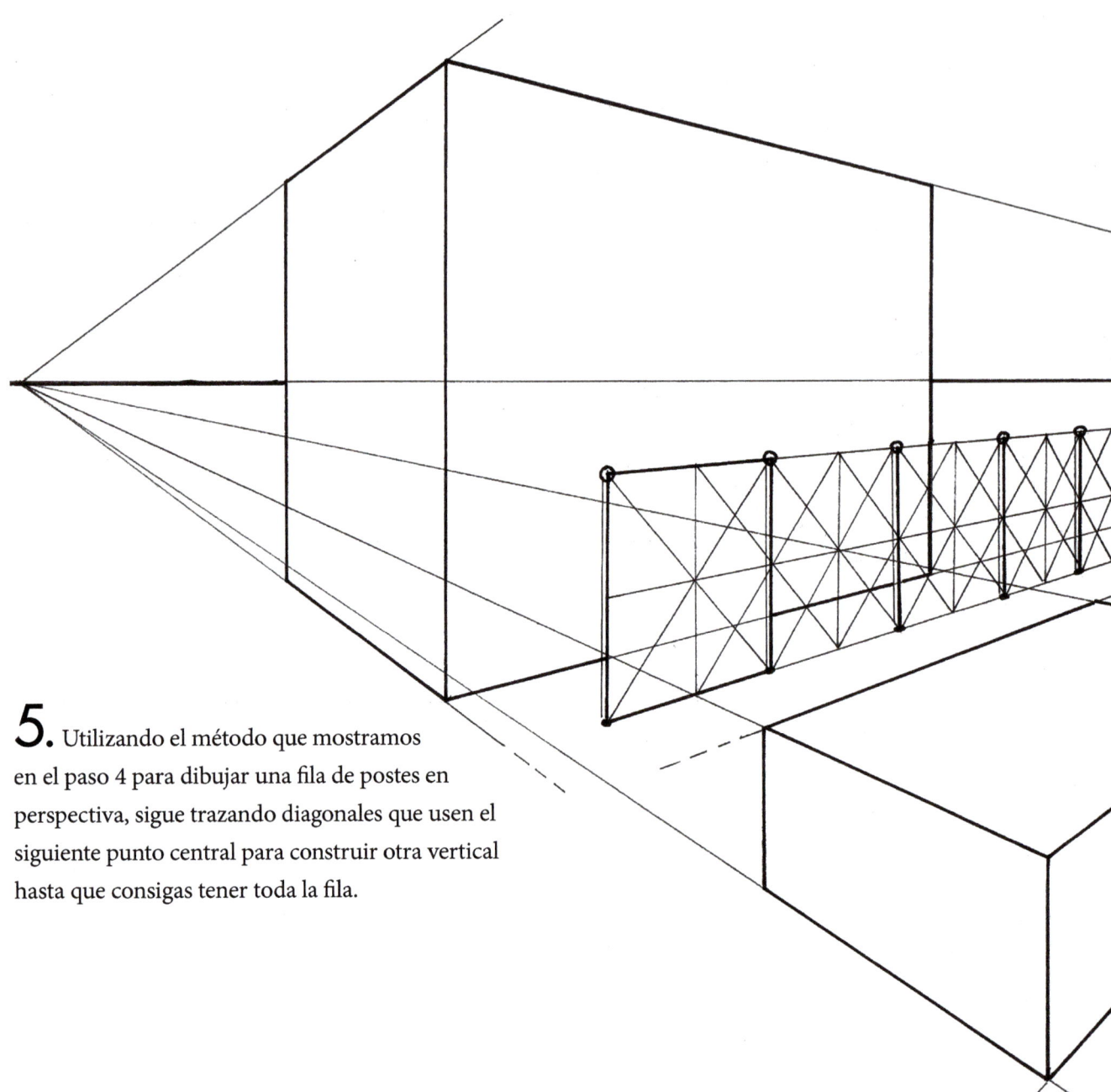

5. Utilizando el método que mostramos en el paso 4 para dibujar una fila de postes en perspectiva, sigue trazando diagonales que usen el siguiente punto central para construir otra vertical hasta que consigas tener toda la fila.

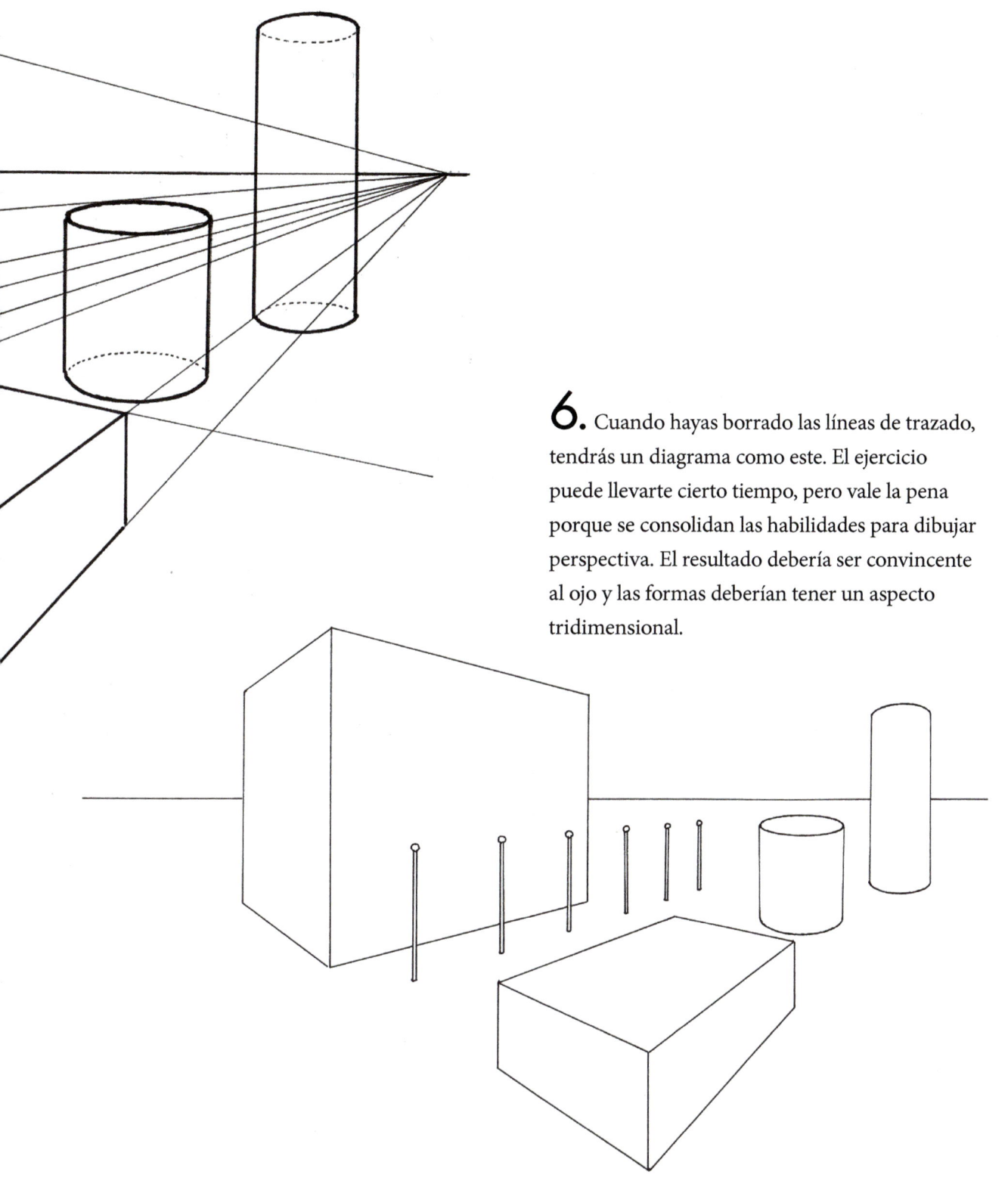

6. Cuando hayas borrado las líneas de trazado, tendrás un diagrama como este. El ejercicio puede llevarte cierto tiempo, pero vale la pena porque se consolidan las habilidades para dibujar perspectiva. El resultado debería ser convincente al ojo y las formas deberían tener un aspecto tridimensional.

Edificios en perspectiva

Estos ejemplos te ayudarán a familiarizarte con las distintas formas de dibujar edificios en pespectiva. Cuando dibujas un edificio que estás viendo a tamaño real en un lugar, es importante identificar las líneas a nivel del ojo o las líneas horizontales y también las de los bordes superiores e inferiores del edificio. Recuerda que, a menos que estés dibujando un edificio a gran distancia, los puntos de fuga quedarán fuera del papel.

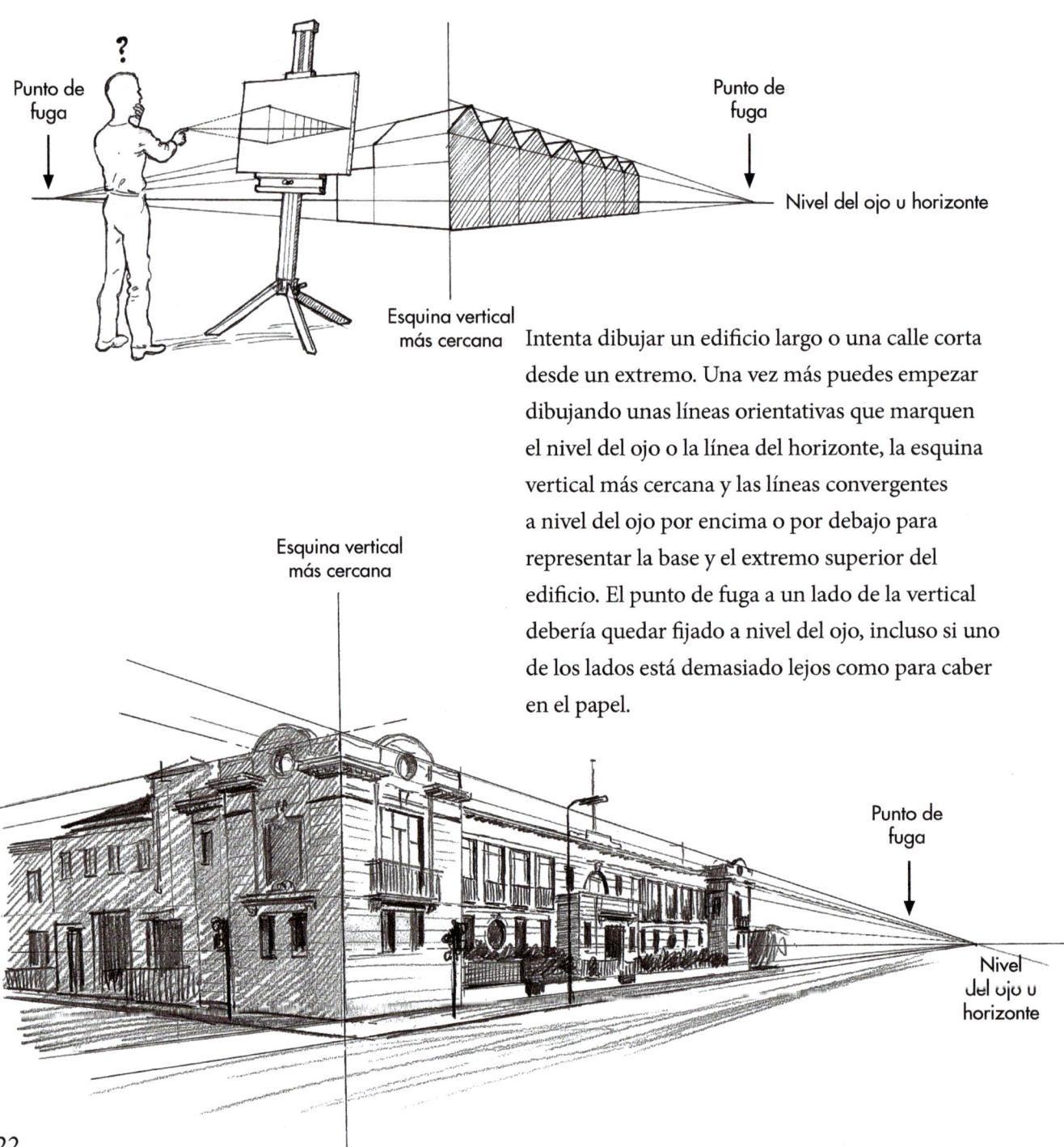

Punto de fuga

Punto de fuga

Nivel del ojo u horizonte

Esquina vertical más cercana

Esquina vertical más cercana

Punto de fuga

Nivel del ojo u horizonte

Intenta dibujar un edificio largo o una calle corta desde un extremo. Una vez más puedes empezar dibujando unas líneas orientativas que marquen el nivel del ojo o la línea del horizonte, la esquina vertical más cercana y las líneas convergentes a nivel del ojo por encima o por debajo para representar la base y el extremo superior del edificio. El punto de fuga a un lado de la vertical debería quedar fijado a nivel del ojo, incluso si uno de los lados está demasiado lejos como para caber en el papel.

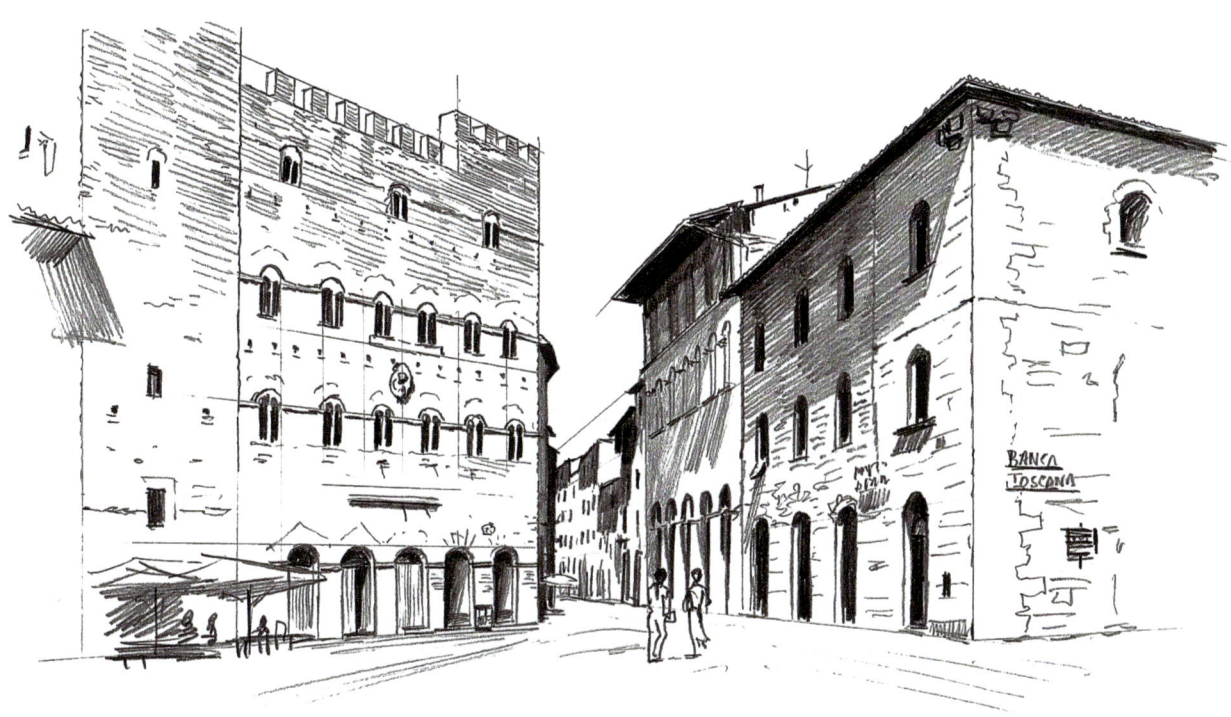

Aquí hay un edificio que está formando un ángulo desde la calle principal. Esto significa que aunque la misma línea de horizonte se utilizará en todos los edificios dentro del dibujo, el punto de fuga para este edificio en concreto estará mucho más a la derecha en el horizonte. El punto de fuga de la parte principal de la calle está justo detrás de una de las puertas a mano derecha del edificio oblicuo.

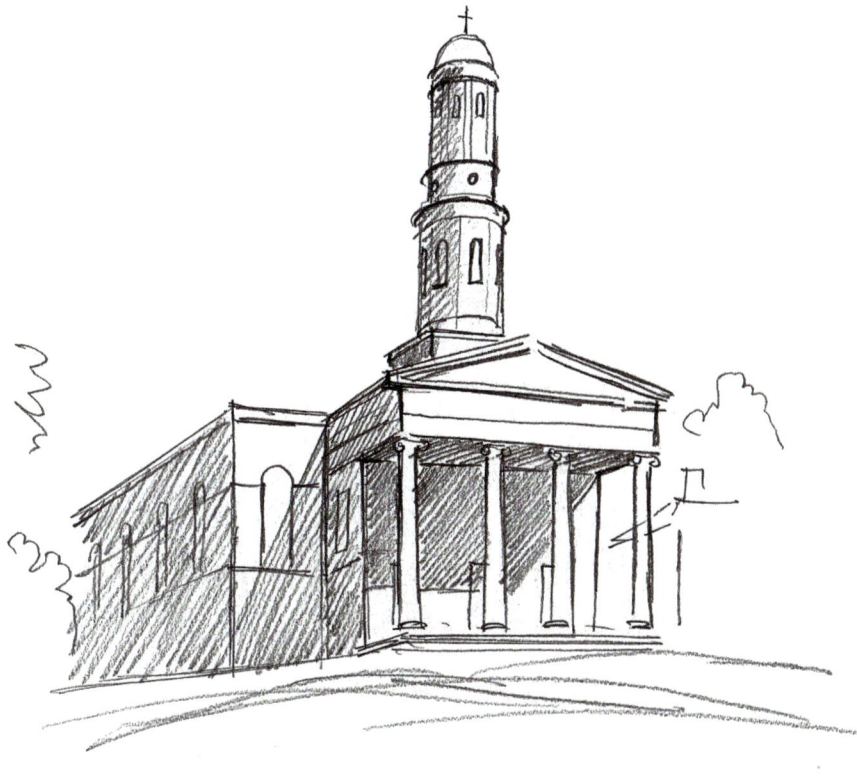

Esta iglesia, con su gran torre, está asentada sobre un montículo, de modo que el horizonte está muy bajo en el dibujo, por debajo del nivel de las escaleras.

Crear una visión en una calle

El mejor tema para ir consiguiendo práctica de perspectiva es una visión a lo largo de un pasillo o una calle, sobre todo si es estrecha. Si te propones dibujar una calle, verás que las líneas de los tejados y la base del edificio convergen en la distancia. No solo eso, sino que cualquier estructura en la superficie de los edificios, como las cornisas, los marcos de las puertas o de las ventanas, también siguen esta regla. Si puedes dibujar el ángulo de convergencia de estas líneas con suficiente precisión, parecerá que la calle va esfumándose en la profundidad del dibujo.

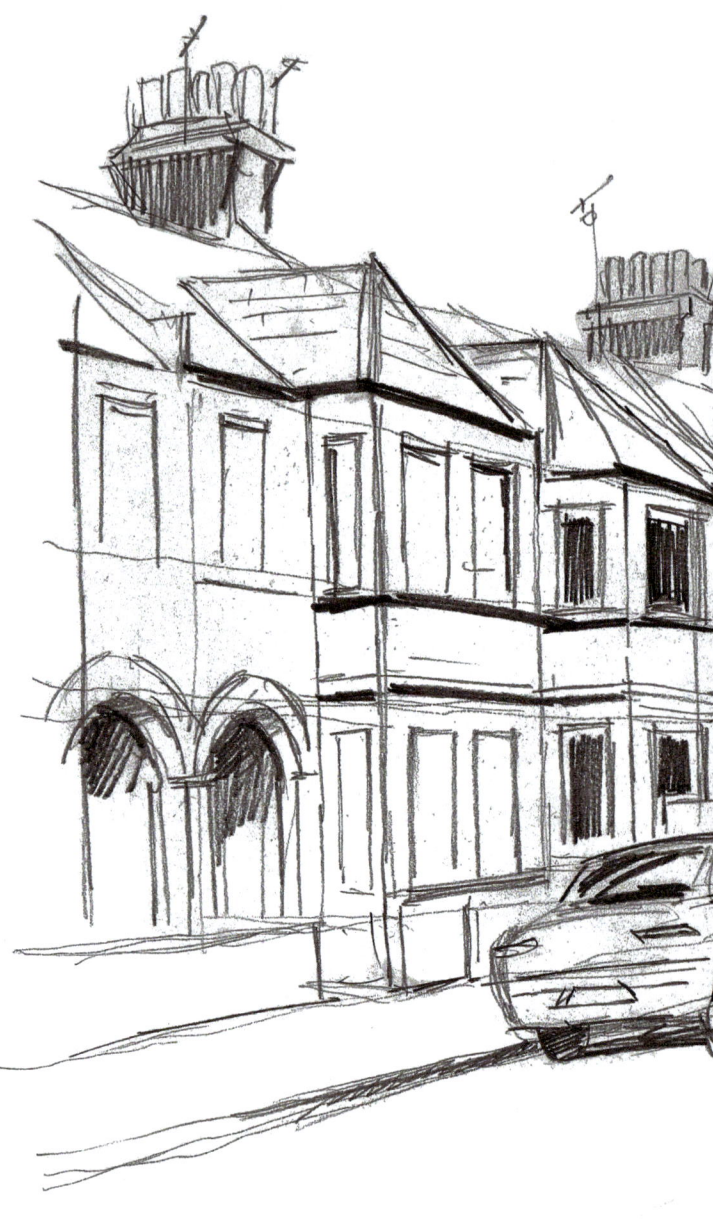

Dibujar edificios arquitectónicos requiere horas de intensa investigación para captar una impresión que se parezca a lo que estamos viendo. También se puede practicar con una fotografía e irla comparando con el dibujo. Verás que la fotografía no tiene por qué ser más correcta que el dibujo ya que la perspectiva en una fotografía siempre está ligeramente exagerada. Sin embargo, la comparación de las dos puede mostrar muy bien las reglas de juego de la perspectiva. La perspectiva correcta seguramente será un punto intermedio entre tu dibujo y la fotografía.

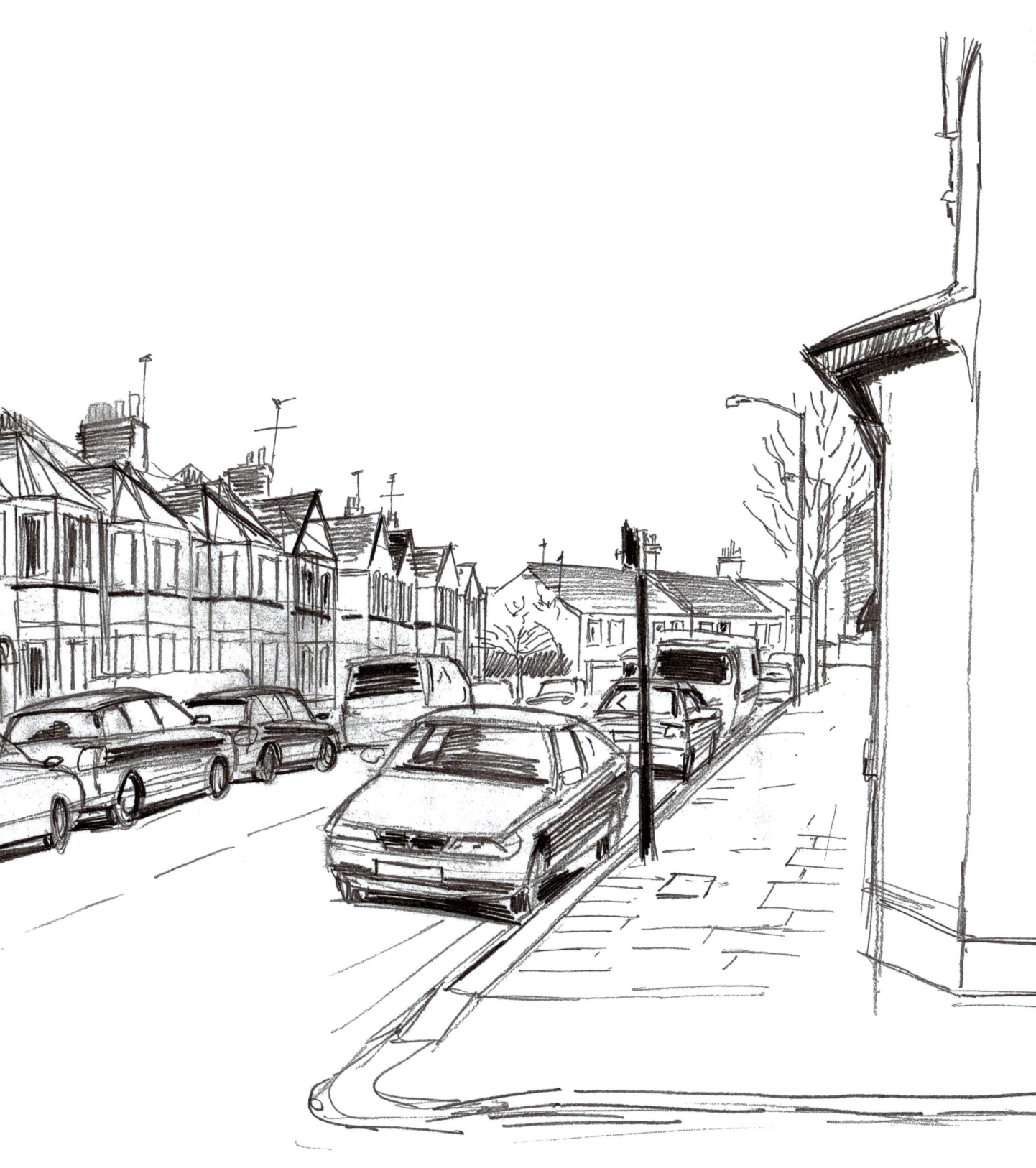

///// Una escena urbana

Utilizando las técnicas de perspectiva que has aprendido, intenta dibujar una escena urbana más compleja. Por ahora deberías entender a grandes rasgos cómo crear una dibujo de una forma arquitectónica y ser capaz de producir un dibujo convincente. Sin embargo, si no quedas satisfecho con el resultado, no te desanimes. Todo irá encajando a medida que vayas practicando los principios básicos.

Se trata esencialmente de un ejercicio de perspectiva, pero desde un punto de vista artístico más que científico. Los ojos te aportarán toda la información que necesitas para dibujar con precisión, pero los estudios de perspectiva te ayudarán a acabar de darle sentido y a facilitar el proceso de dibujo. Elige una localización que sea fácil de dibujar y échale un vistazo a la previsión del tiempo antes de empezar, de modo que ni la lluvia ni el viento te impidan la tarea.

Aquí hay un boceto de las líneas básicas de una calle por la que pasa el río Arno en Florencia, Italia. Para mostrar la perspectiva con claridad, he omitido dibujar figuras humanas o coches.

Ahora observa el diagrama de las líneas de perspectiva subyacentes al dibujo original. Consiste meramente en la línea del horizonte y en las principales líneas que se juntan en el punto de fuga. Estas líneas son básicas incluso si no las dibujas todas con una regla. Así que tu tarea será encontrar una calle y, si es demasiado compleja, simplificarla dejando fuera del dibujo cualquier mobiliario urbano o edificios que te confundan. Dibuja la escena al natural, al aire libre, teniendo en cuenta todo lo que sabes sobre cómo construir la perspectiva.

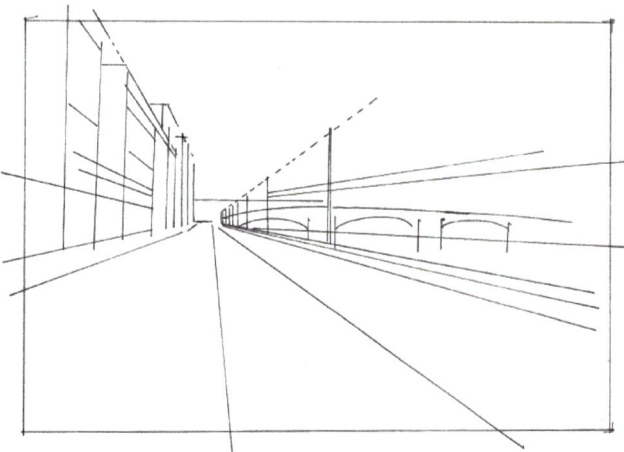

Punto de fuga

Nivel del ojo u horizonte

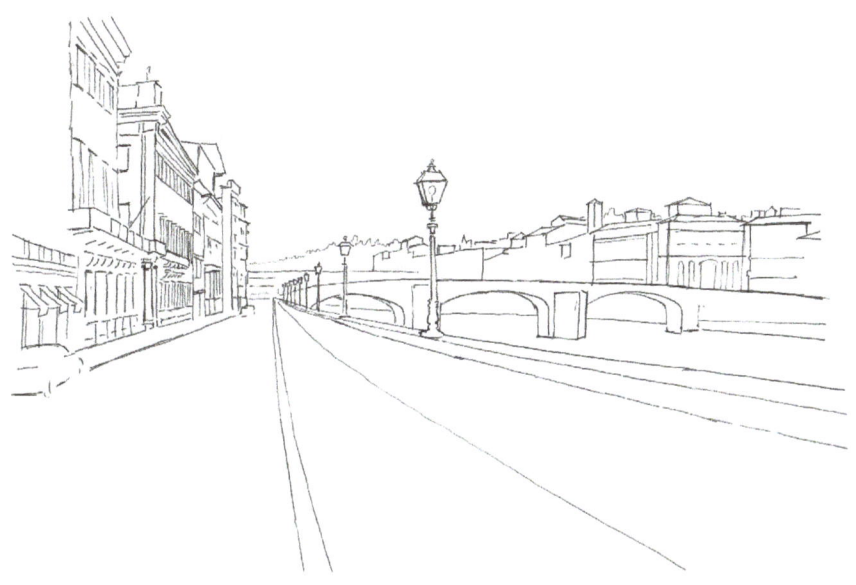

Sitúa las formas
principales primero
y deja los detalles
para más adelante,
cuando estés seguro
de que los principales
edificios de la escena
son razonablemente
convincentes.

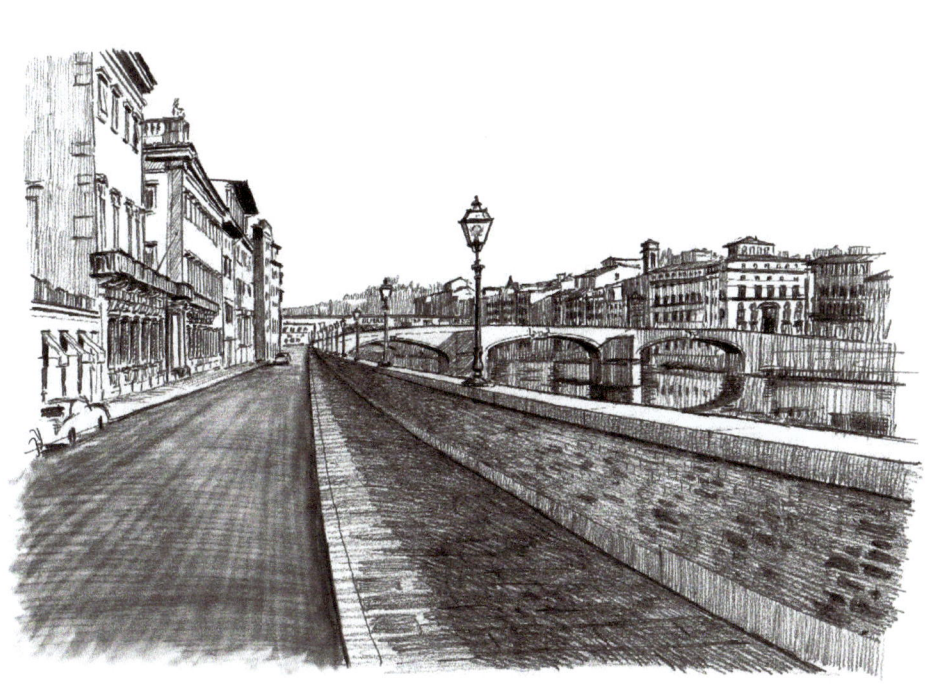

Cuando hayas añadido
todos los detalles
necesarios, inserta
las zonas tonales,
utilizando texturas para
diferenciar las distintas
superficies. En este
caso, a la carretera le he
dado una textura más
suave difuminando los
trazos de lápiz con un
difuminador. Observa
también cómo los
aspectos más distantes
están menos definidos
que los que están en
primer plano. Así se
ayuda a convencer
al ojo de la calidad
tridimensional del
dibujo.

Perspectiva irregular

Ahora vamos a observar un dibujo de una gran obra arquitectónica cuya perspectiva no es plenamente regular aquí debido al suelo inclinado y al tipo de fortificación. La línea del horizonte está muy baja, de manera que la línea de la parte superior del arco forma unos 60 grados con la vertical. Puesto que hay muy pocas líneas horizontales o verticales, un dibujo como este no requiere organizar la perspectiva a la perfección. Cuando te enfrentes a un dibujo como este lo mejor es olvidarte por completo de la perspectiva y confiar en tu visión, que te irá aportando toda la información que necesitas.

Aquí las zonas más grandes de la muralla y las zonas del edificio, simplificadas aportan una combinación sólida de formas. El sombreado también es muy importante porque aumenta la sensación de simplicidad y de tamaño monumental.

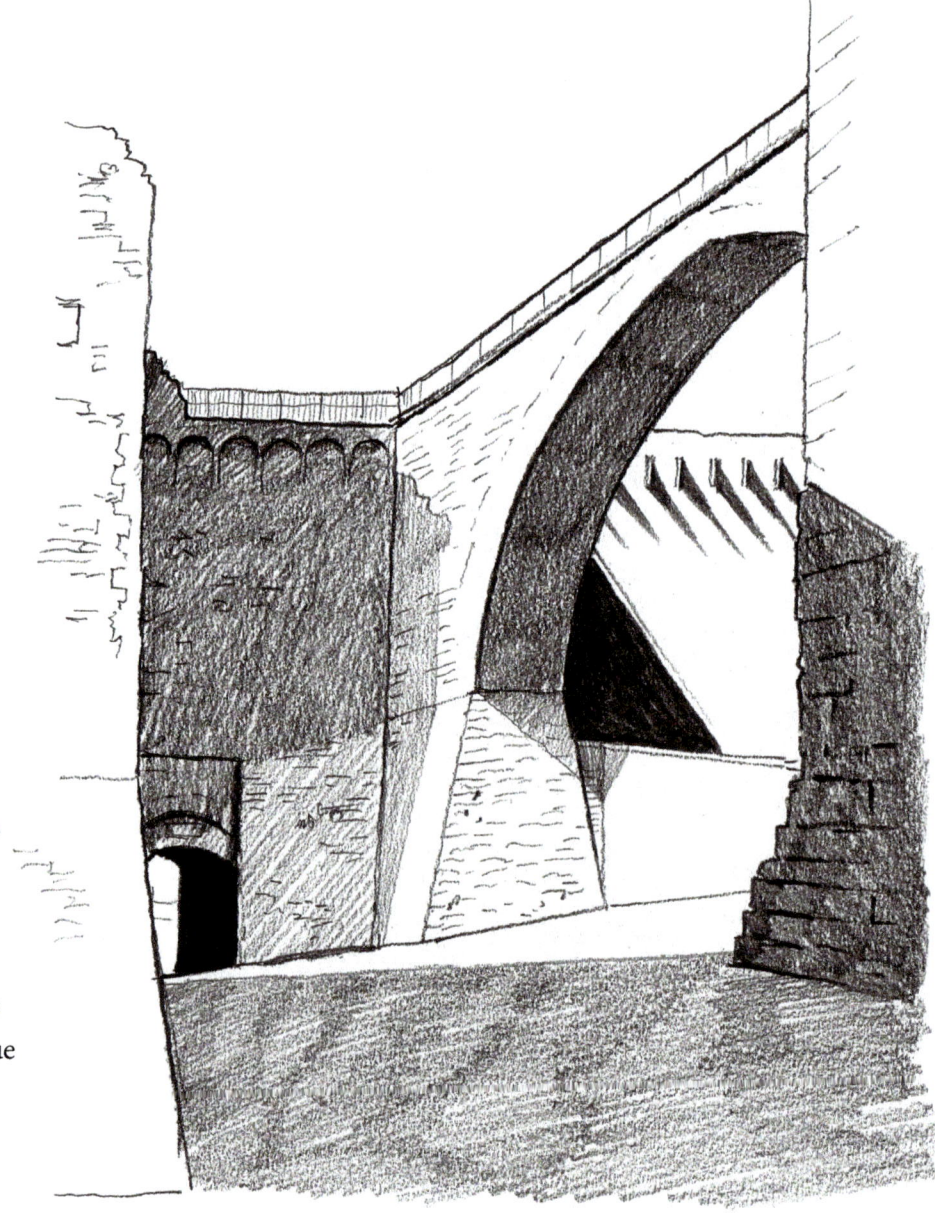

Cuando se trata de dibujar paisajes rurales, la perspectiva no es tan evidente como en las escenas urbanas, pero es igual de importante mostrar cómo la escena se va desvaneciendo en la distancia. El efecto de la neblina atmosférica hace que los objetos y los rasgos del paisaje en la distancia no se vean con tanta claridad como los que están en primer plano. Este fenómeno se conoce como perspectiva aérea.

El cielo puede considerarse parte del fondo

El fondo se dibujará casi sin tonalidad y sin textura para que se vaya desvaneciendo poco a poco.

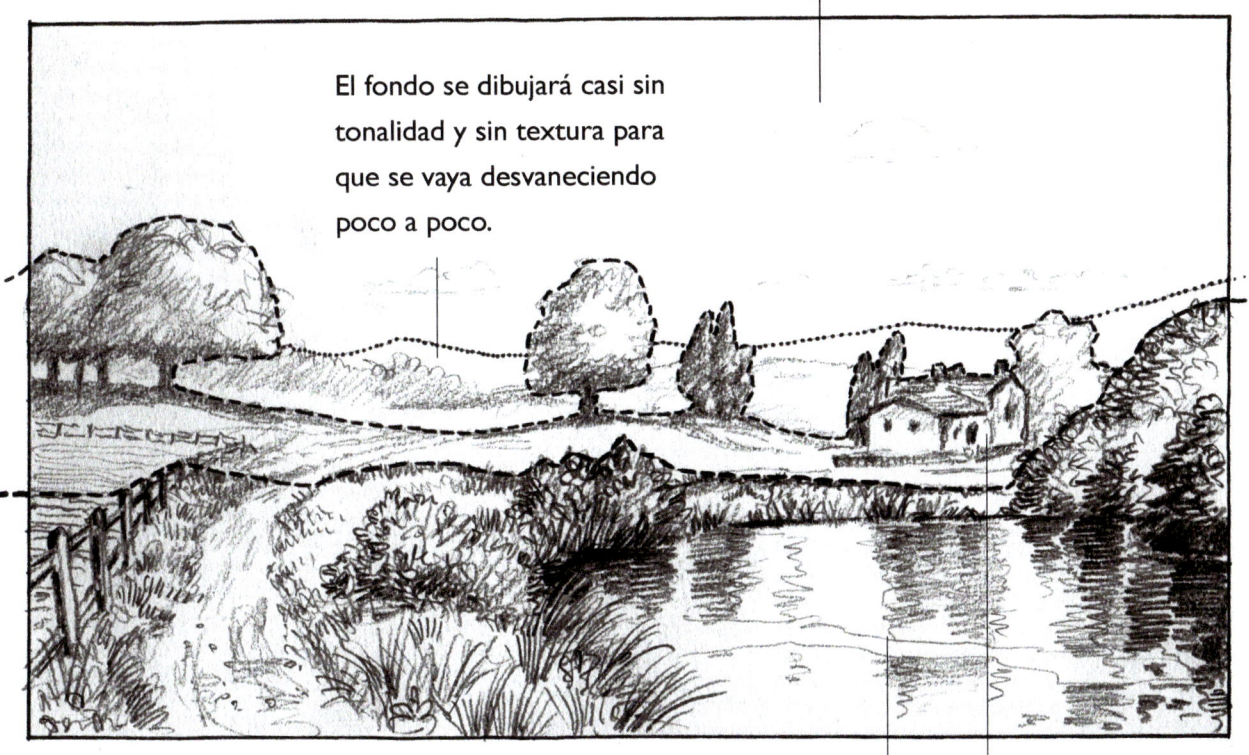

En el plano medio, hay que dibujar tonalidad y textura pero mucho más suave y menos intensa que en primer plano

En este paisaje, el fondo está muy difuminado y no puede verse mucho detalle ni textura. Cabe destacar que hay zonas que tienen un color tan claro como el cielo. En el plano medio, hay que añadir un poco más de definición y textura, pero todavía hay pocos detalles. En cambio, el primer plano tiene mayor definición y mucha más textura e intensidad de detalles. Este es el efecto de la perspectiva aérea.

El primer plano, con intensa tonalidad y contraste y claras texturas

Composiciones de los grandes maestros del arte

Una buena manera de entender la composiciones pictóricas es observar las obras de los grandes maestros del arte. Aquí y en las siguientes páginas consideraremos cómo se han compuesto grandes obras que han sabido utilizar la perspectiva para dramatizar o resaltar la construcción. Ahora que ya conoces los principios básicos, lo mejor para desarrollar tus habilidades de composición pictórica es copiar las grandes obras de arte de libros, láminas o museos.

Este ejemplo es una obra de la bahía de Pegwell en Kent realizada por William Dyce (1806-1864). La composición es muy sencilla, con un horizonte a medio lienzo con unos acantilados anexos. Toda la acción de la pintura transcurre en la mitad inferior, con varias zonas de piedras y arena donde se reúnen personas para recoger conchas y demás. La mayoría de la acción significativa transcurre en el primer plano. Las damas con sus miriñaques conforman bellas y llamativas formas.

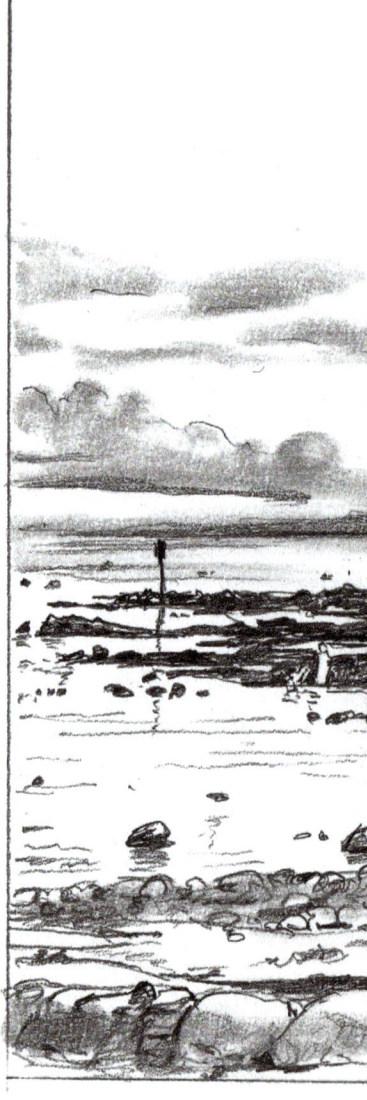

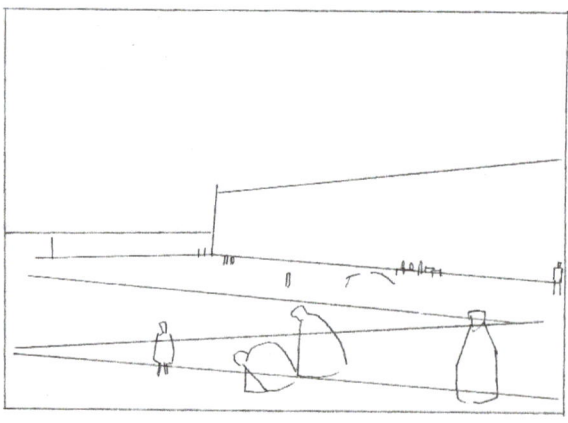

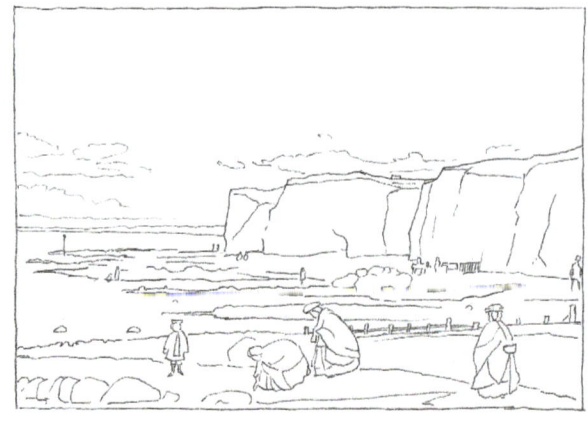

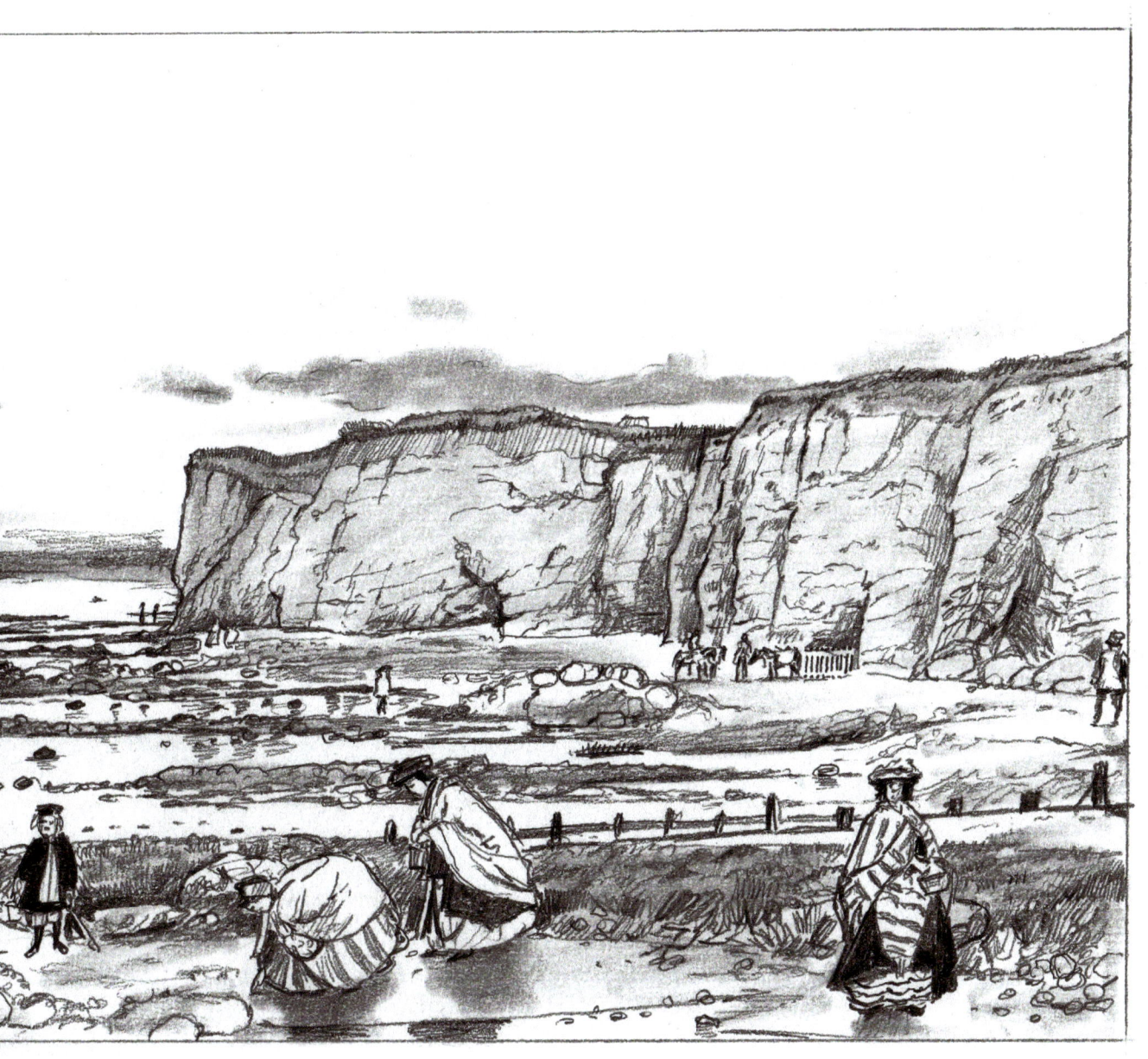

El siguiente ejemplo es una vista de un pueblo realizada por Walter Sickert (1860-1942). Se define con la perspectiva de la calle desviándose hacia la izquierda y, en primer plano, observamos el escaparate de una tienda a mano derecha. Por lo tanto, hay dos profundidades de perspectiva que van hacia la izquierda y hacia la derecha del dibujo.

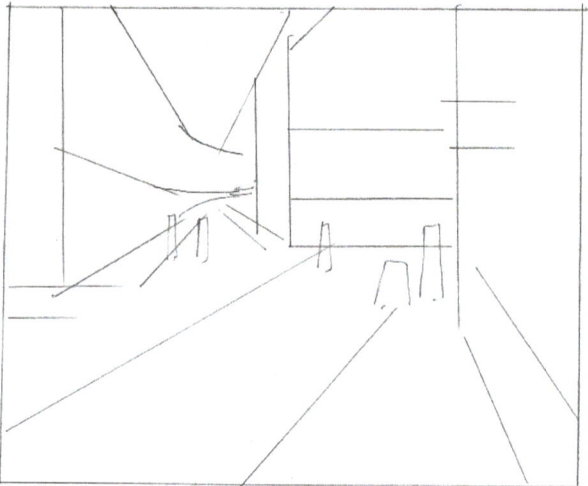

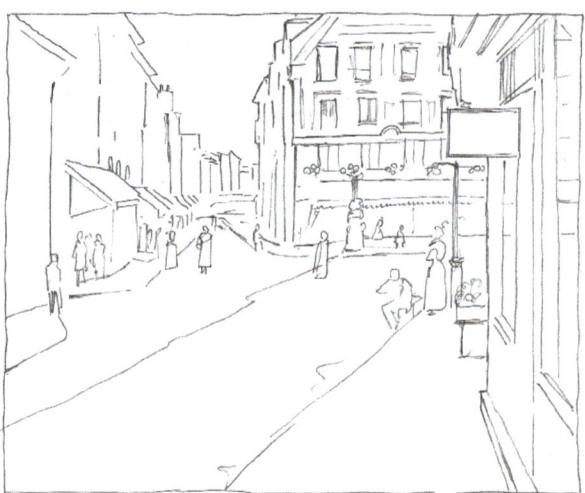

Cuando se analizan los valores tonales, se puede ver cómo la sombra oscura de los edificios de la derecha divide el gran espacio abierto que marca la calle en diagonal que hay en primer plano. Todo ayuda a guiar al ojo hacia el centro del dibujo y después a la calle más lejana de la izquierda.

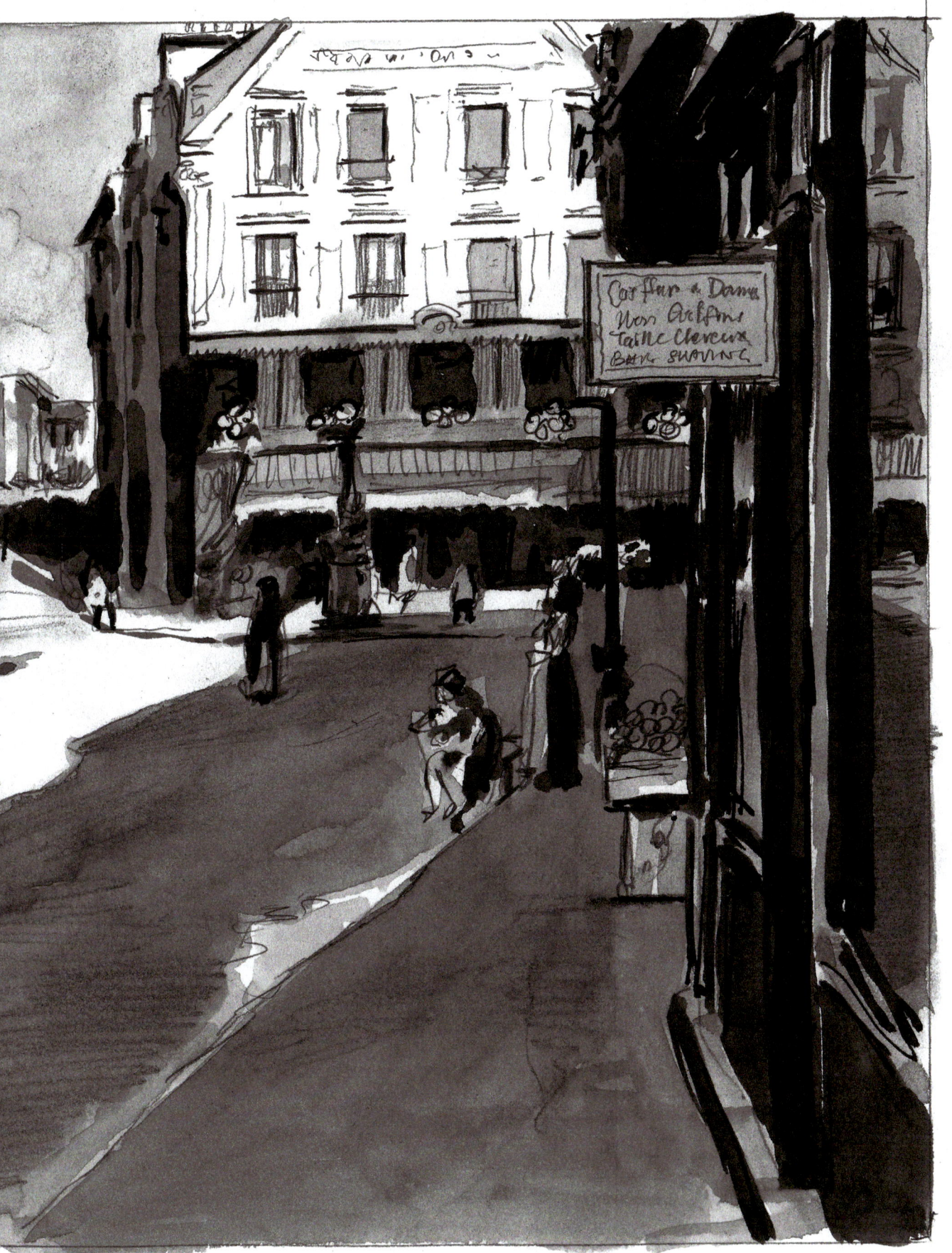

A continuación, vamos a estudiar una obra de Richard Wilson (1714-1782) de la cima de Cader Idris, en Gales. Se trata de un gran triángulo, roto por la curva del lago y el movimiento circular de la montaña que se alza a un lado. La curva se repite dos veces en un montículo debajo del lago y en otro cuerpo de agua más abajo a la izquierda.

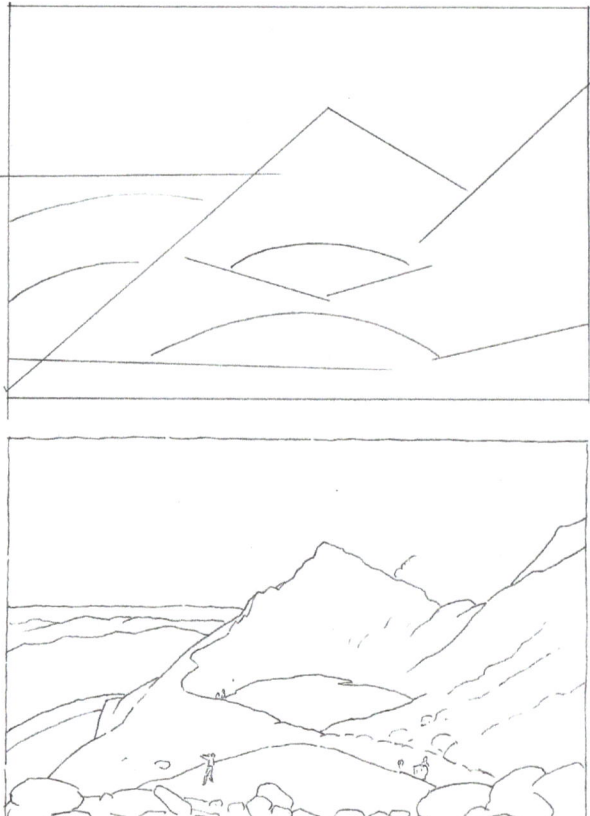

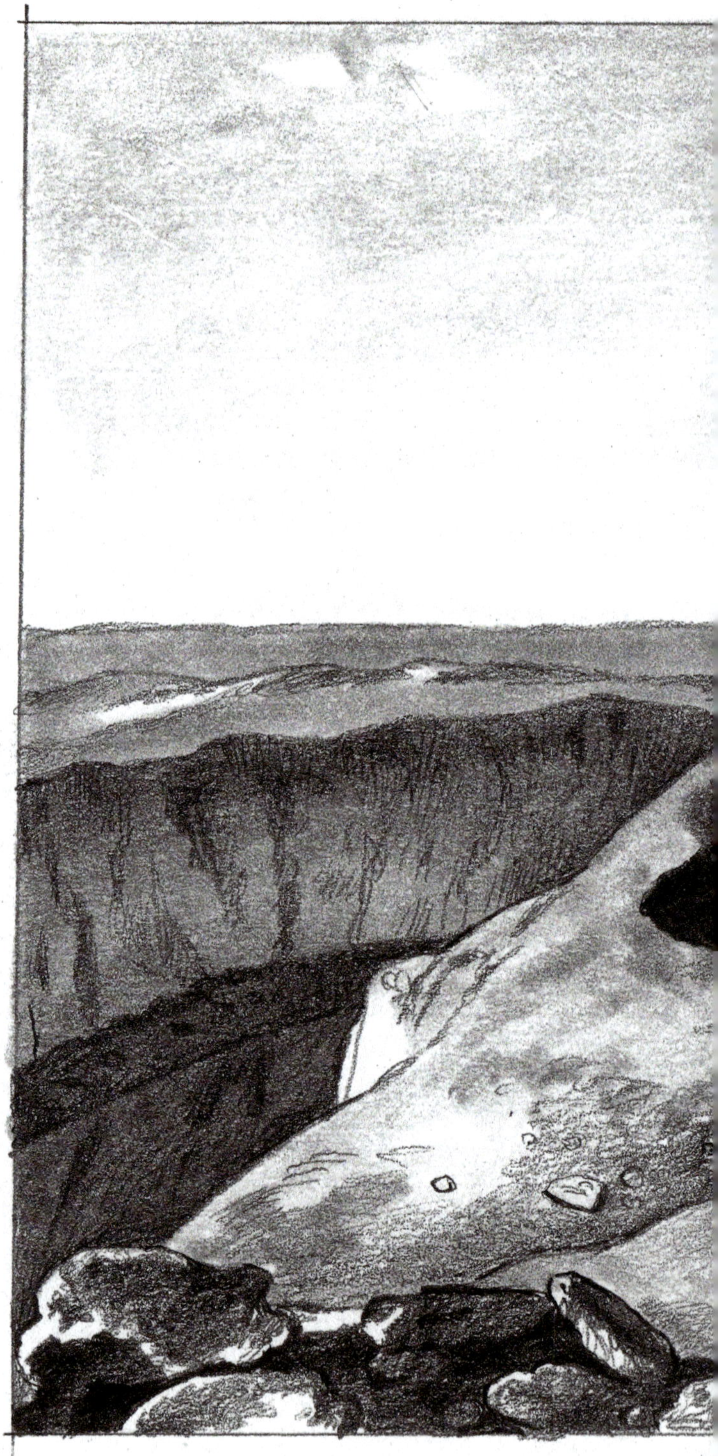

Puesto que se trata de una vista impresionante, los tonos son importantes ya que muestran la afilada punta del triángulo de la cima por encima del lago, contrastando con el cielo. Se puede ver la perspectiva aérea, ya que los aspectos en primer plano están retratados con mayor detalle y definición que las colinas que van desapareciendo en la distancia en el lado izquierdo de la composición. Si tienes tiempo, copiar esta obra te aportará gran práctica

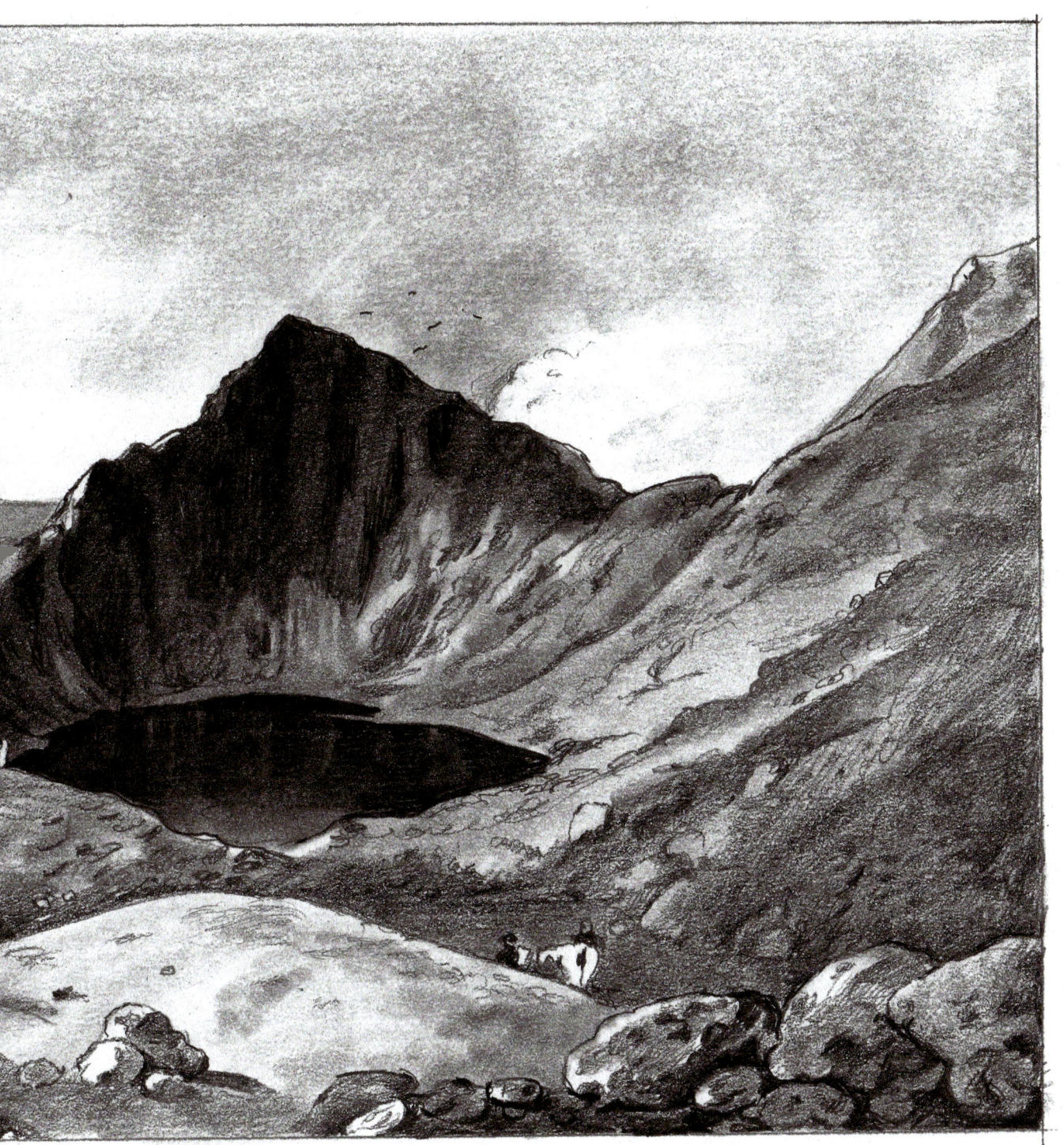

Objetos en perspectiva

Ahora que ya conoces la teoría de la perspectiva y cómo se relaciona con la composición arquitectónica y con el paisaje, lo siguiente será mirar su efecto en el dibujo de objetos y personas. Por lo general, se le llama dibujo en escorzo. Primero examinaremos la relevancia de la perspectiva en el dibujo de los objetos cotidianos. Para empezar, he seleccionado un cuchillo, un tenedor y un cuchara.

Empieza dibujando el cuchillo recto, trazando el contorno con la mayor precisión posible. Seguramente tendrás que hacer ajustes sobre la marcha, ya que el dibujo de un objeto tridimensional de este modo siempre queda un poco desproporcionado, sobre todo en términos de grosor.

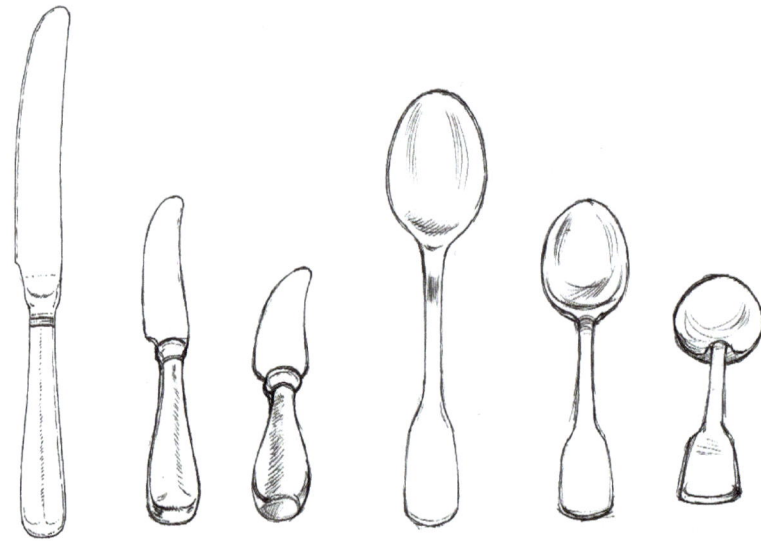

Una vez hayas producido un dibujo lo suficientemente convincente en lo que a tamaño y forma respecta, sitúa el cuchillo sobre una superficie que esté formando un ángulo oblicuo respecto a punto de vista, por lo tanto dándole cierta perspectiva.

Tal y como se muestra en el ejemplo 2, arriba, el nuevo dibujo será muy distinto en cuanto a proporciones. Será más corto que el original, aunque con una anchura similar.

Una vez más, sitúa el cuchillo sobre una superficie, esta vez eligiendo una posición más cerca al nivel de tu ojo. Verás que, para poderlo representar con precisión, tienes que dibujar la forma mucho más corta pero igual de ancha. El extremo del cuchillo que ves más cerca tendrá que ser aún más ancho (véase el ejemplo 3).

Échale un vistazo a los tres dibujos del cuchillo y advierte las diferencias proporcionales entre ellos.

Realiza el mismo ejercicio con la cuchara, teniendo en cuenta que requerirá un tratamiento ligeramente distinto debido a la curvatura del mango. Traza la cuchara de modo que el perfil sea preciso y transmita su longitud y forma.

Posiciónala en un ángulo oblicuo desde tu punto de vista y dibuja lo que ves. Será más corta que el primer dibujo pero con una anchura similar.

Dibuja la cuchara tumbada sobre una superficie que esté más cerca de tu nivel del ojo y observa la perspectiva en escorzo y los contornos alterados de las curvaturas. Irás notando que la parte del utensilio que tienes más cerca parece más ancha en proporción y más corta.

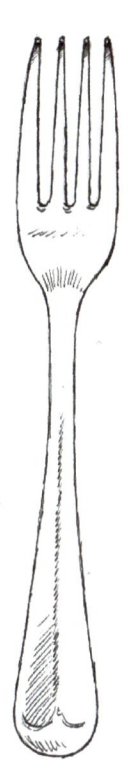
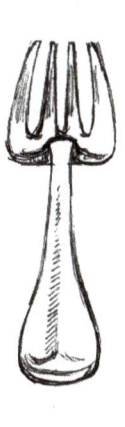
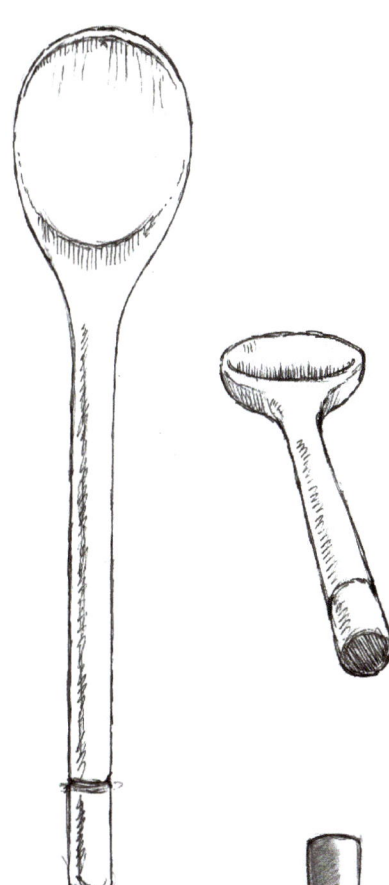

Realiza un ejercicio similar con un tenedor. Esta vez con dos dibujos será suficiente. Después inténtalo con una cuchara de madera que, al tener una curvatura más plana, será más fácil de dibujar que una metálica. Advierte cómo el mango de la cuchara se va ensanchando a medida que se acerca al ojo.

Se puede llevar a cabo el mismo ejercicio con un objeto más grande, como una botella de vino. Dibuja la forma redondeada con la mayor precisión posible, haciendo todas las correcciones que se requieran. A continuación tumba la botella de manera que la mires sólo desde un extremo, en este caso desde el cuello de la botella, y verás inmediatamente cómo se altera por completo la proporción de longitud y de anchura. Ten en cuenta que la botella parecerá más estrecha en la base, demostrando los efectos de la perspectiva en escorzo.

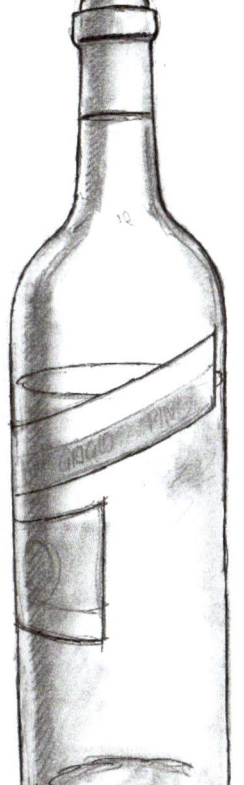
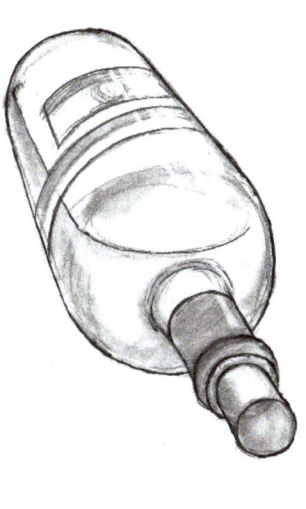

Grupos de objetos

En estas sencillas composiciones es fácil ver cómo el efecto de la perspectiva queda palpable en el dibujo de objetos de forma similar que están posicionados a distintas distancias desde nuestro punto de vista.

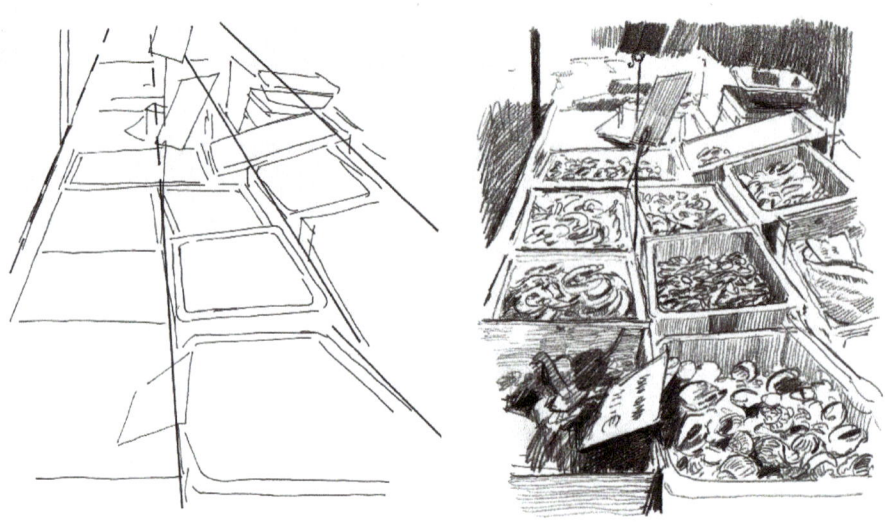

La perspectiva se utiliza aquí con cajas de pescado y marisco alineadas en un mercado francés.

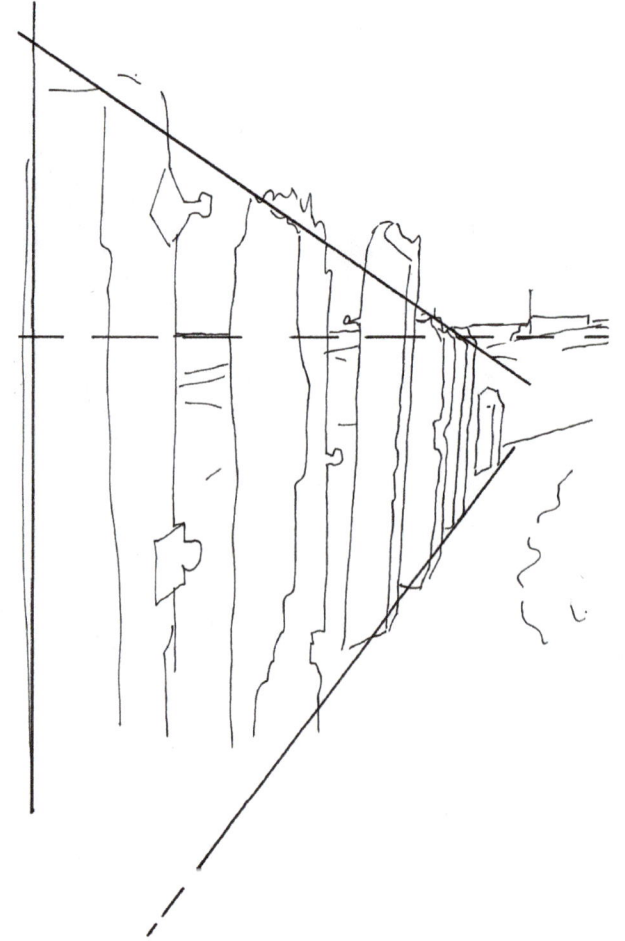

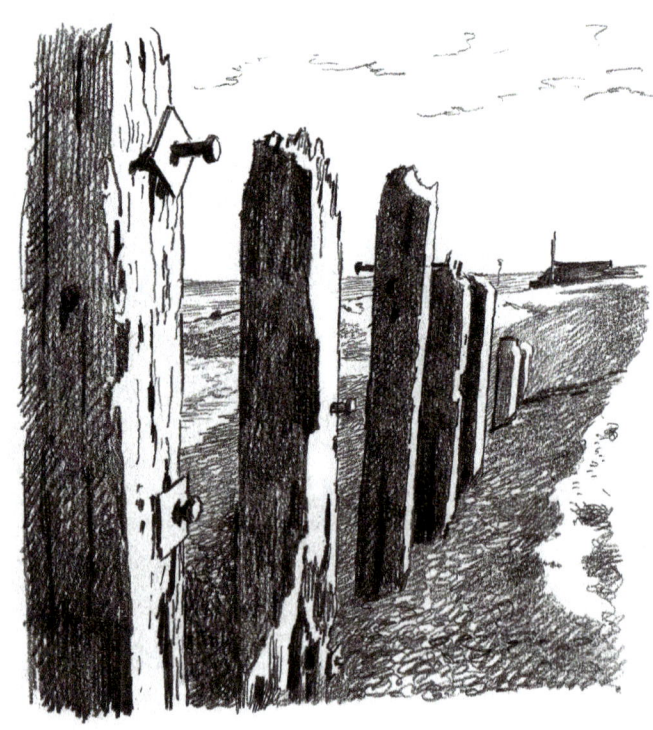

Incluso con una corta fila de postes en un rompeolas, la recesión desde nuestra visión hace que haya un fuerte sentido de profundidad en este paisaje playero.

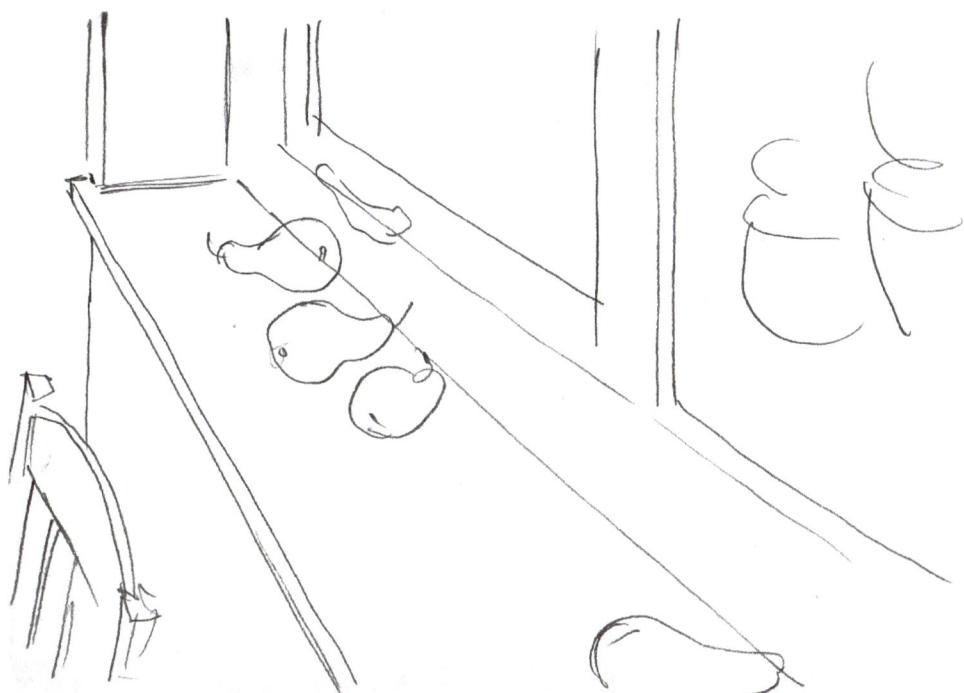

Hice estos dibujos de naturaleza muerta durante una observación de una de las habitaciones de casa. En el poyete de la ventana, al lado de la puerta, hay unas peras que están madurando, y que quedan a la sombra que proyecta el marco de la ventana. Debido al fuerte sombreado casi se funden con el fondo. Incluso en una visión tan de cerca, la estructura de la perspectiva es evidente desde el ángulo del poyete de la ventana, alejándose del espectador.

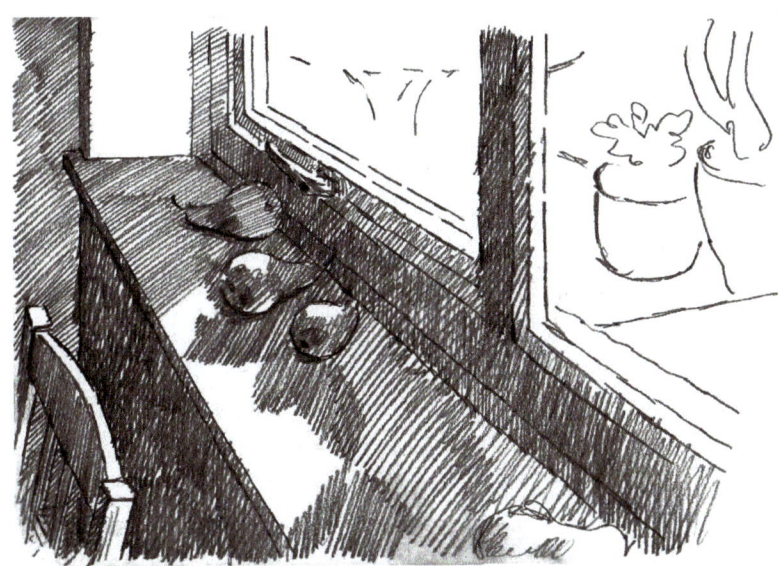

////// Escorzo en la figura humana

Aquí, nos preocupan los efectos de la perspectiva en el cuerpo humano cuando se contempla desde un ángulo extremo. Si bien puede que no te apetezca dibujar a alguien tumbado en esta posición, sí será más común dibujar a las personas en poses en las que partes de su figura están más cerca que otras. En cualquier caso, tendremos que aplicar las reglas de perspectiva.

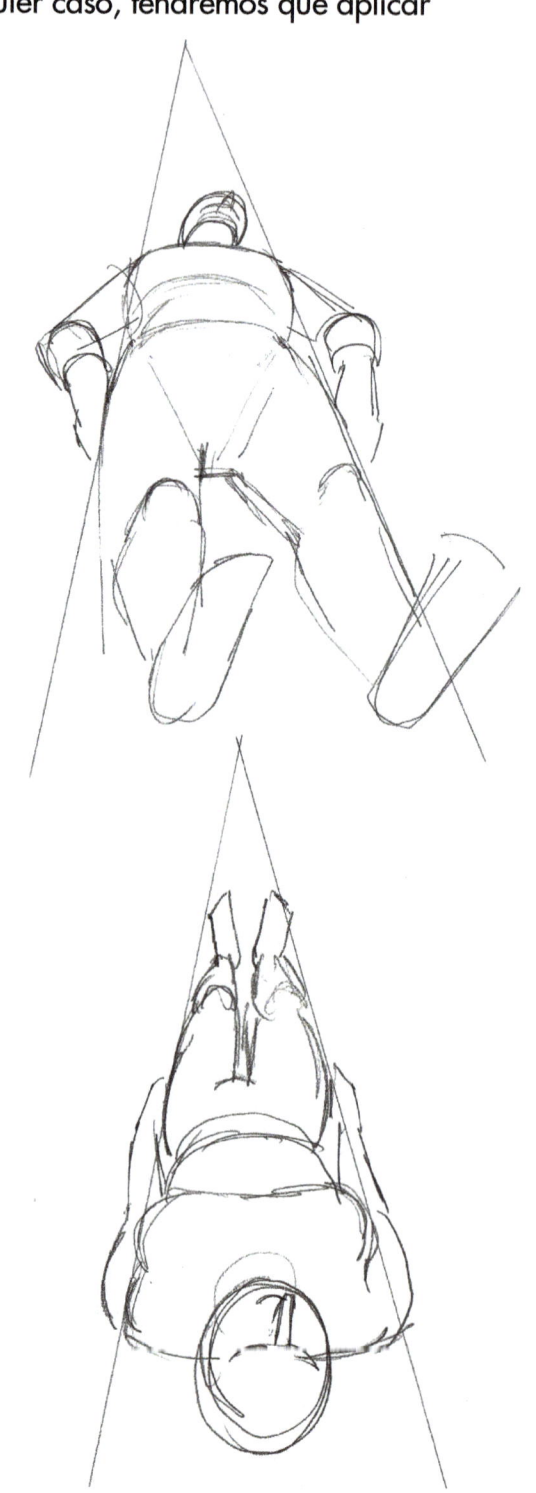

Con este ejercicio, necesitarás contar con la participación de alguien que se estire en el suelo o en un sofá, lo más llano posible, preferiblemente bocarriba. Deberías sentarte también de modo que puedas ver al sujeto desde los pies y después desde la cabeza, desde un nivel del ojo que no quede muy por encima.

Cuando intentes realizar este ejercicio por primera vez dibujando, quizás te cueste por el modo en el que las piernas o la cabeza parecen desaparecer de la vista, de modo que quedan realmente cortos.

La figura puede parecer extremadamente distorsionada si no se está acostumbrado a esta perspectiva. Sin embargo, los ojos tienen una gran precisión así que son únicamente nuestras ideas preconcebidas las que hacen que observemos con incredulidad. En el caso de la figura masculina, fíjate en cómo la zona que cubren las piernas y los pies es mayor que la que cubren el torso y la cabeza. Nos resulta confuso porque sabemos que si la figura estuviese erguida estos elementos serían de un tamaño muy parecido.

En el caso de la figura femenina, la cabeza y los hombros parecerán muy grandes en comparación con el resto del cuerpo, que se va alejando del espectador. Así se subraya el hecho de que percibamos los objetos que tenemos más cerca como más grandes que los que tenemos alejados. Intenta doblar el brazo y mirarte la palma de la mano abierta. Observa el tamaño de la mano, cómo aumenta a medida que te la vayas acercando a la cara.

De esta manera, cuando empieces a dibujar tu propia figura, quizás tengas que dibujar dos líneas que indiquen cómo irá disminuyendo a medida que se vaya alejando de tu punto de vista. En los primeros dos esbozos puedes ver cómo las he trazado.

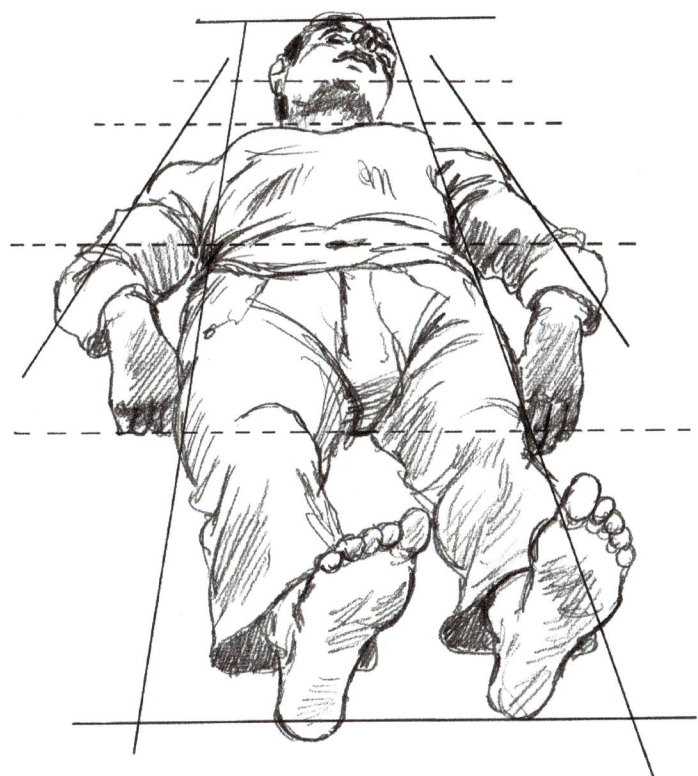

Cuando ya hayas dibujado las formas principales de modo general, empieza a dibujar las formas más grandes del cuerpo, recordando seguir con atención todo lo que observas, sin tener en cuenta lo que te diga la mente. En esta fase, no caigas en la tentación de dibujar todos los detalles; tu meta será un esbozo con simplicidad y precisión. Una vez más, equilibra el tamaño de las partes más lejanas del cuerpo en comparación con las más cercanas para garantizar que tengan el tamaño correcto y que no estés dibujando con un tamaño excesivo las partes más lejanas tal y como te dictaría, en principio, tu mente sobre las proporciones del cuerpo humano. Muchos principiantes caen en este error y les lleva cierto tiempo de práctica captar el mensaje.

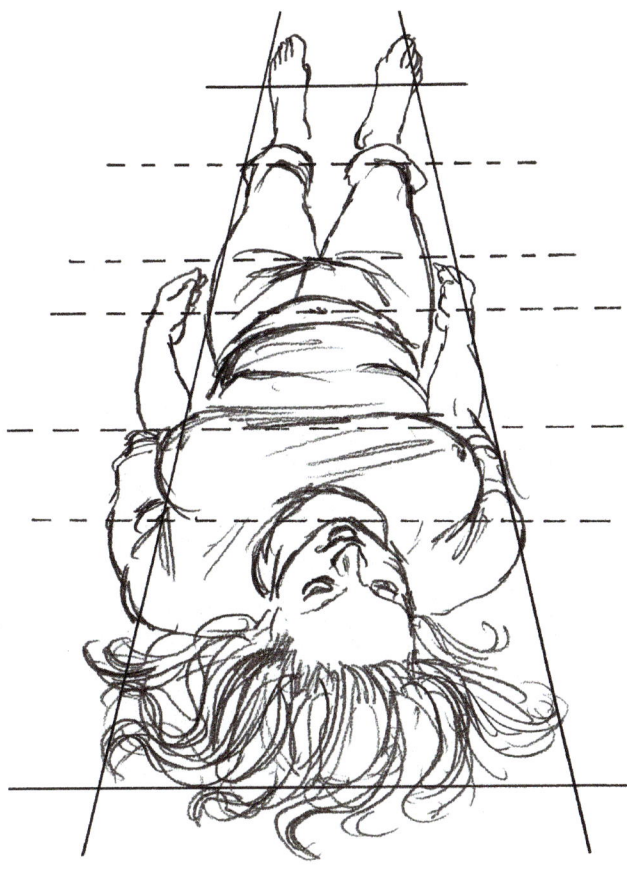

Visión en perspectiva: las piernas

El escorzo puede suponer uno de los problemas mayores a la hora de dibujar las figuras con detalle. Un ejemplo concreto podría darse cuando una pierna o un brazo se proyectan hacia delante, acercándose a tu punto de vista. En vez de la forma esperada de la extremidad observas una proporción distorsionada que la mente a veces te obliga a corregir. Sin embargo, si quieres dibujar con precisión, tienes que evadirte de la información que te aporta la mente y observar con atención, midiendo, de ser necesario, para garantizar que esas proporciones tan extrañas son las que se trasmiten en el papel. De esta manera, una extremidad vista desde un extremo, como ocurre aquí, le resultará convincente al espectador.

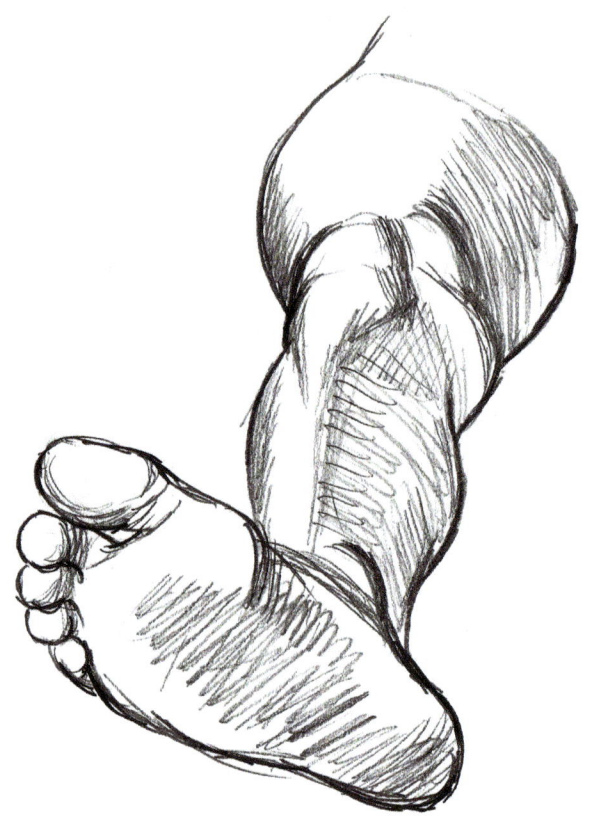

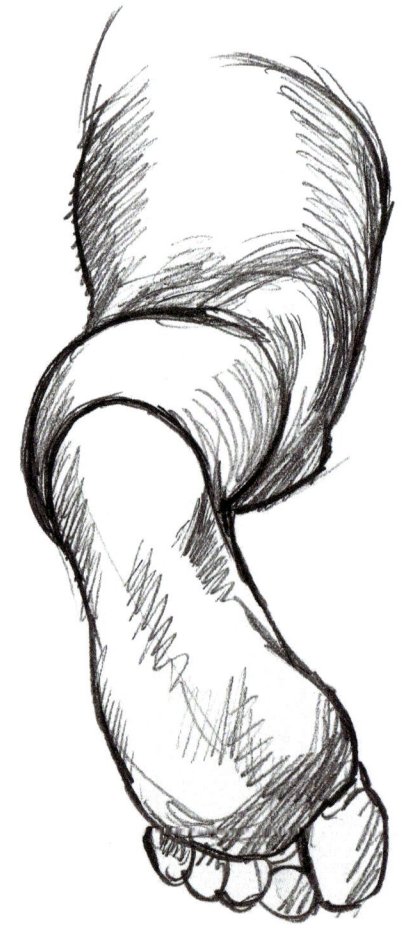

Al observar la pierna desde el extremo del pie vemos lo grande que parece la planta en comparación con la aparente longitud de la pierna. Los músculos y la rodilla se proyectan hacia fuera, resaltando su redondez y formas angulosas, mientras que la longitud se reduce en gran medida. Si se observan las formas que se producen desde este ángulo, se deberían poder plasmar sin problemas. No te dejes convencer de que las proporciones no son las correctas, como te dicta tu mente, ya que sencillamente se trata de un punto de vista inusual.

Visión en perspectiva: los brazos

La misma situación es evidente con el brazo.
En este caso el tamaño de la mano parecerá
desproporcionadamente grande, eclipsando
casi por completo al resto del brazo. Visto desde
un extremo, el relieve de cualquier músculo o
estructura ósea se convierte en un rasgo mucho
más destacado que describe la forma del brazo.
En vez de una forma larga y esbelta, lo que
normalmente reconocemos como «brazo», vemos
una serie de bultos y formas redondeadas , de
modo que la longitud del brazo resulta mínima y
lo que más se observa es una sección redonda del
mismo.

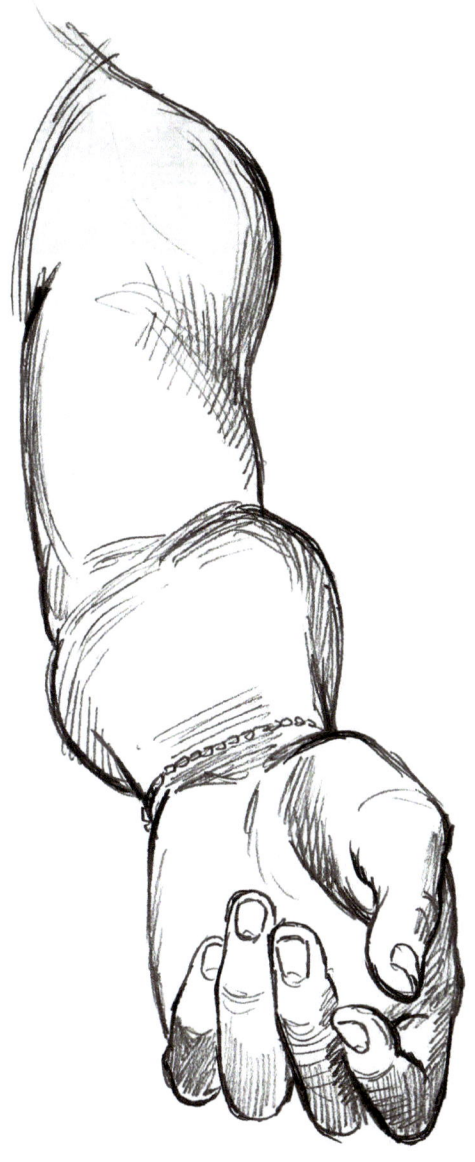

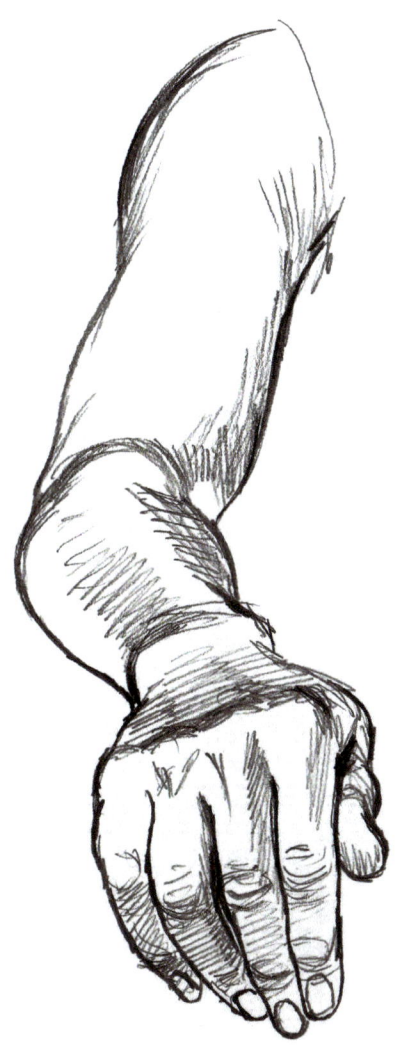

Te ayudará a visionar una perspectiva de
escorzo de la mano si observas la extremidad
como si se tratarse de un grupo, con los dedos
separados de la palma. Presta especial atención
a la forma de las yemas y los nudillos porque
también se convertirán en rasgos dominantes si se
observa el brazo desde este extremo.

La forma de las uñas aporta un sentido de
realismo. La parte principal de la mano pierde
protagonismo en esta posición, pero aún así tiene
que ser observada con precisión.

////// Práctica: una escena en perspectiva

Para el último ejercicio de perspectiva, solo tienes que mirar alrededor de una sala para encontrar tu próximo tema. Esto no implica que la tarea sea más fácil a la hora de dibujarla, pero al menos ahora ya tienes más práctica en perspectiva, así que estarás más seguro al atajar cualquier problema que pueda surgir.

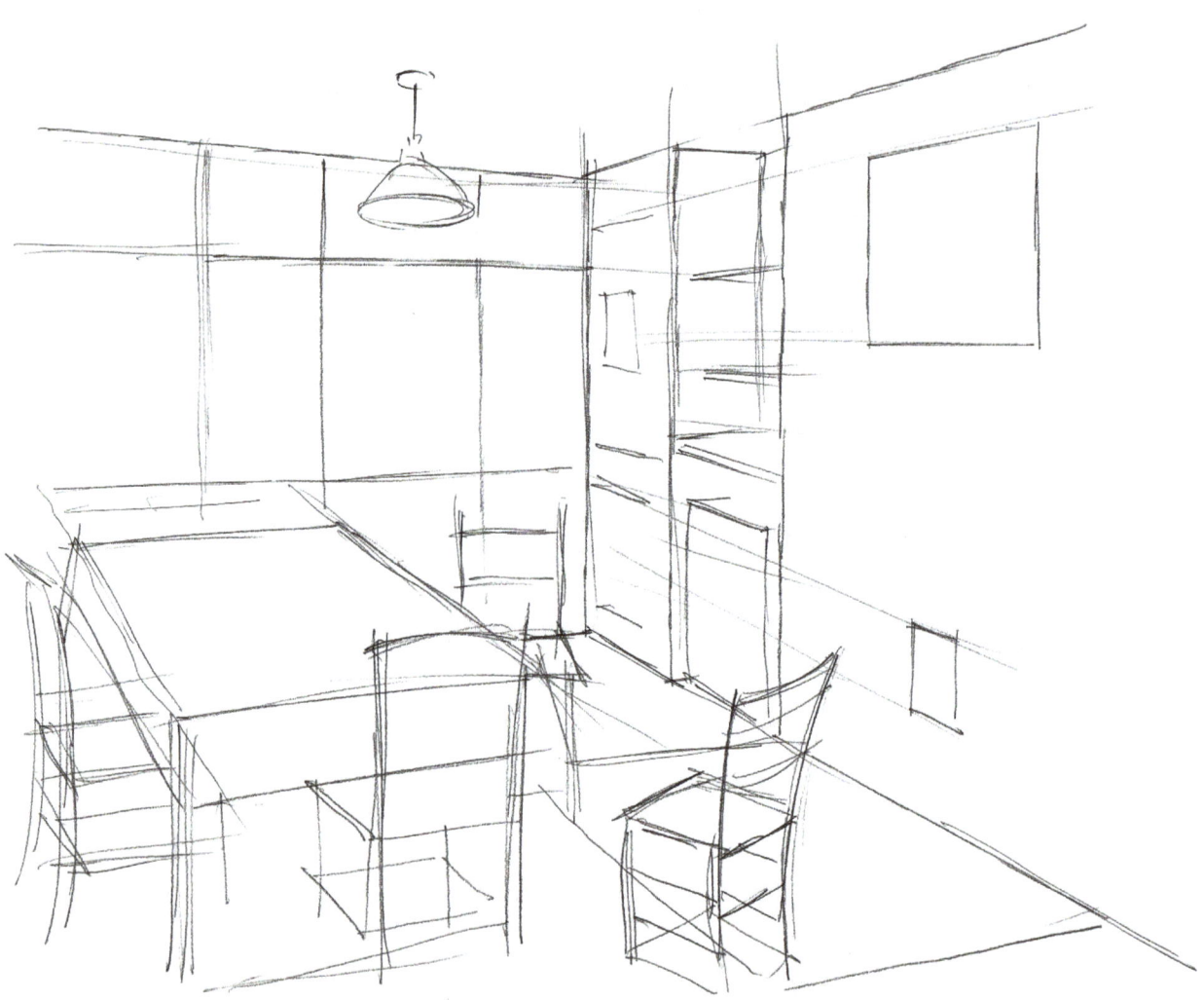

1. Lo primero es observar este esbozo inicial que he realizado de un interior. Enseguida verás, gracias a todo lo que has ido aprendido, que he trazado unas líneas de perspectiva para construir el dibujo.

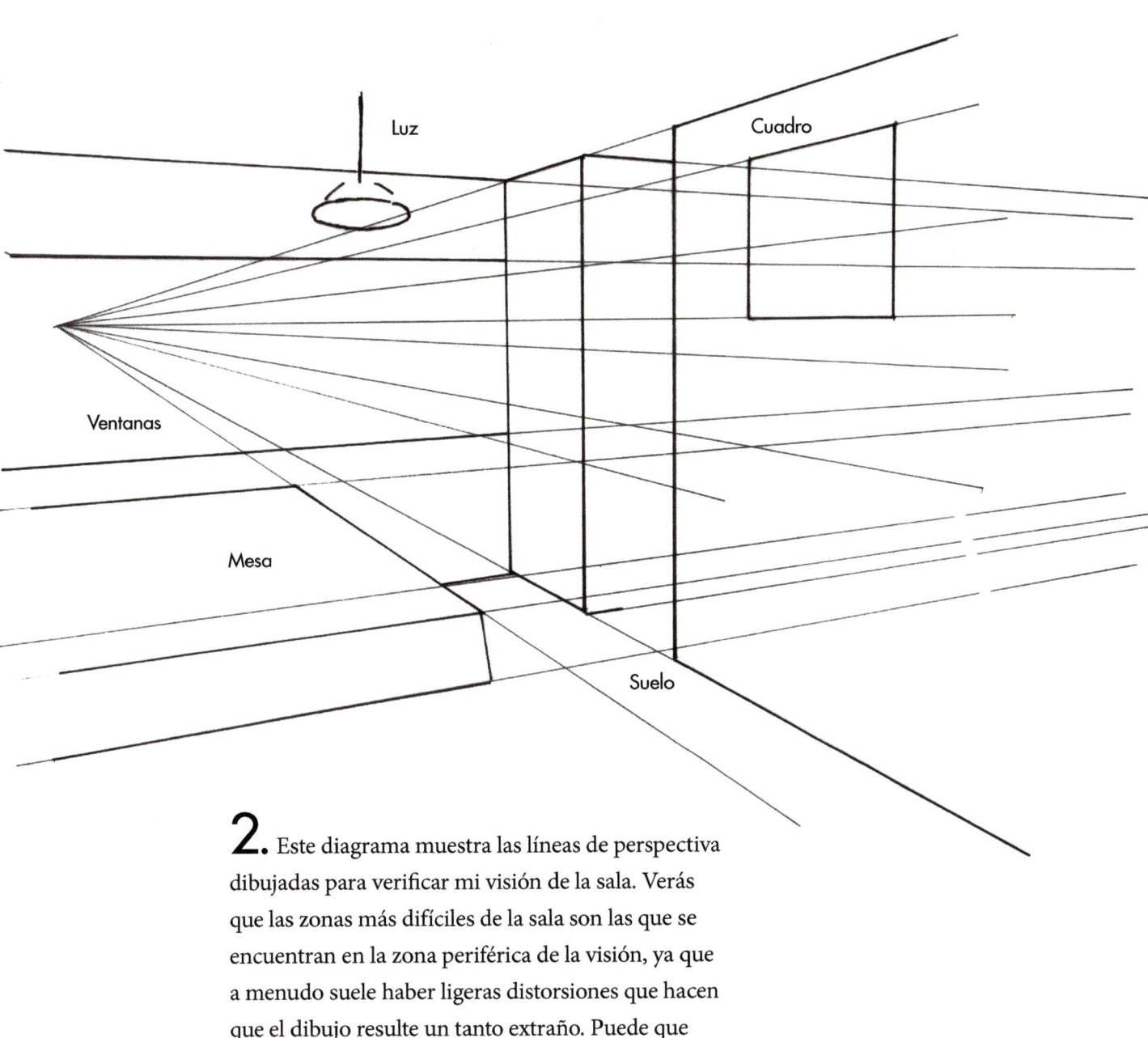

Luz

Cuadro

Ventanas

Mesa

Suelo

2. Este diagrama muestra las líneas de perspectiva dibujadas para verificar mi visión de la sala. Verás que las zonas más difíciles de la sala son las que se encuentran en la zona periférica de la visión, ya que a menudo suele haber ligeras distorsiones que hacen que el dibujo resulte un tanto extraño. Puede que tengas que corregir estas distorsiones o ignorarlas, según el caso.

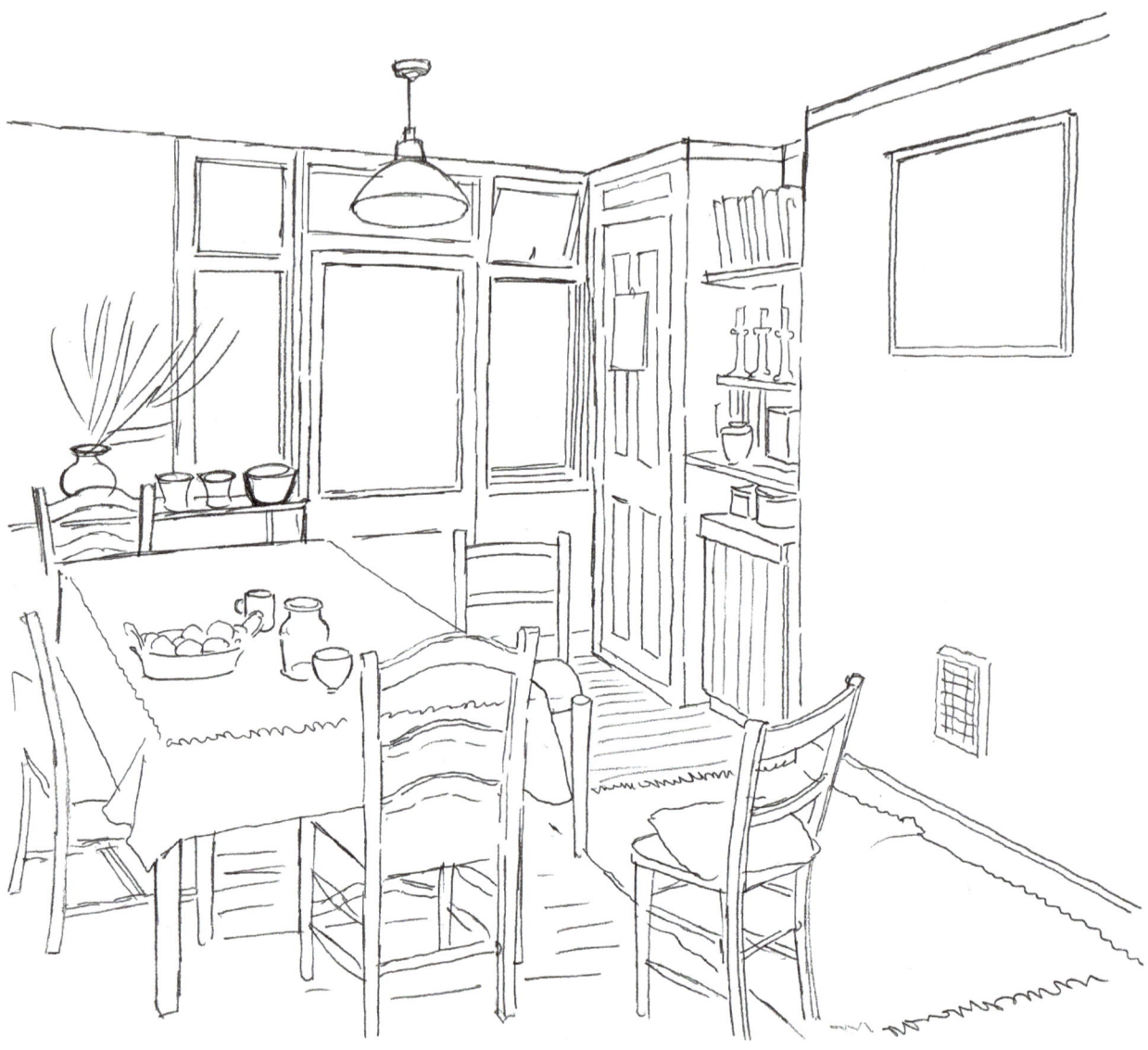

3. Una vez hayas realizado un boceto que creas que trasmite correctamente la imagen, empieza a dibujar las líneas principales de la habitación y el mobiliario dentro de tu ámbito de visión. Sin embargo, si hay algún mueble o algún objeto complicado que te suponga alguna traba, elimínalo de tu vista o del dibujo. Todos los artistas aprenden a modificar la escena que tienen delante para simplificarla o hacerla más interesante en lo que a composición se refiere. Se pueden ver algunas evidencias de modificación en el trabajo topográfico de Turner, Canaletto o Guardi, por poner algunos ejemplos. Las líneas de perspectiva deberían permitirte plasmar con precisión las proporciones de los objetos en un escenario.

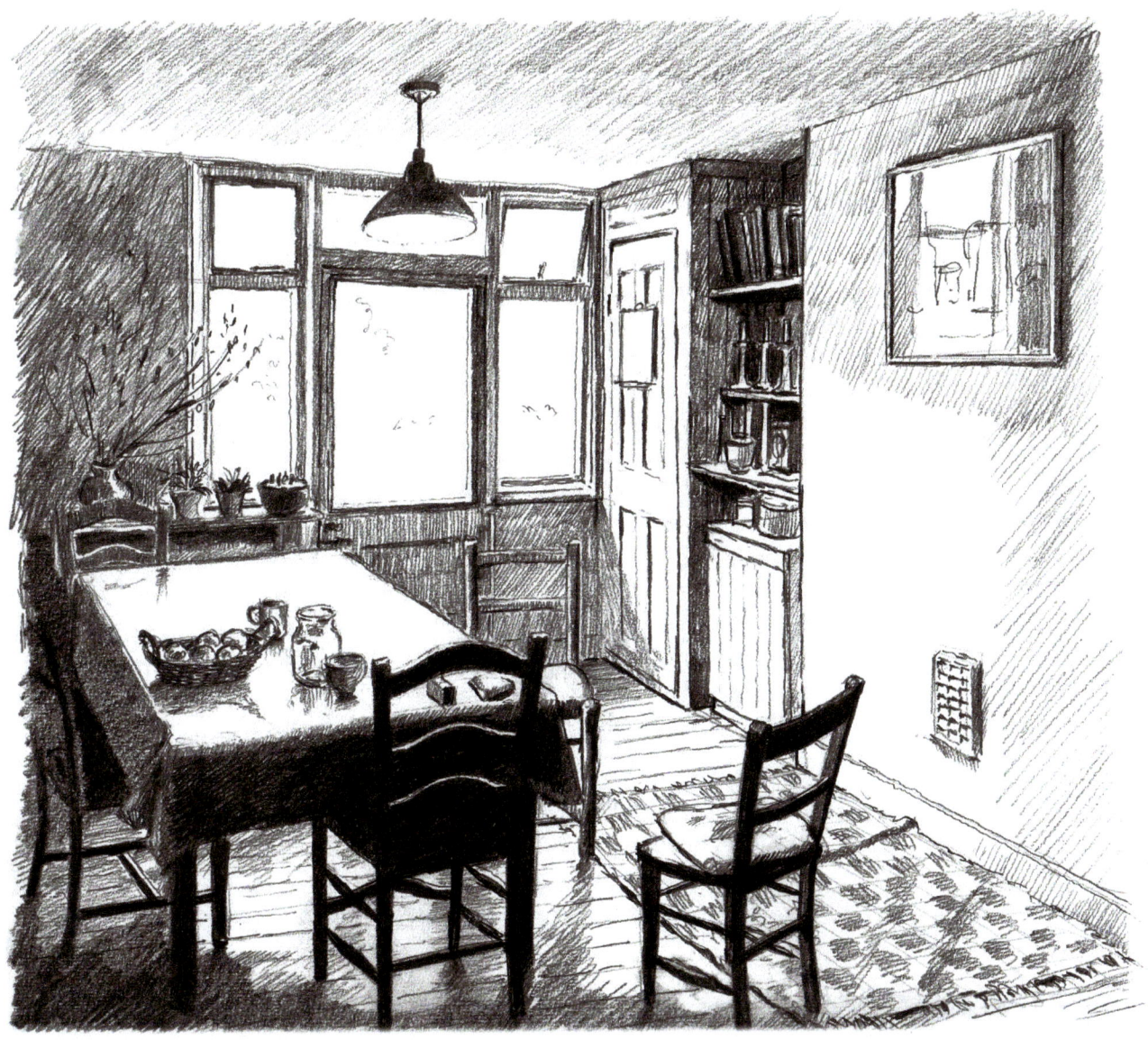

4. A continuación ya podrás trabajar con los valores tonales para concederle al dibujo una atmósfera y profundidad. Si tienes que dejarlo a medio terminar para volverlo a retomar más tarde, comprueba que el mobiliario no se haya movido y que el ángulo de la luz sea lo más parecido posible. Si el tiempo es soleado e intentas completar el trabajo en distintas horas del día cuando ya está nublado tendrás el problema de encontrar las luces y las sombras en diferentes lugares. La iluminación de mi dibujo proviene en parte de las ventanas y en parte de la luz eléctrica. Hay que tener en cuenta que he creado el tono gracias a un color negro oscuro en las sillas, que se encuentran más cerca de mi punto de vista.

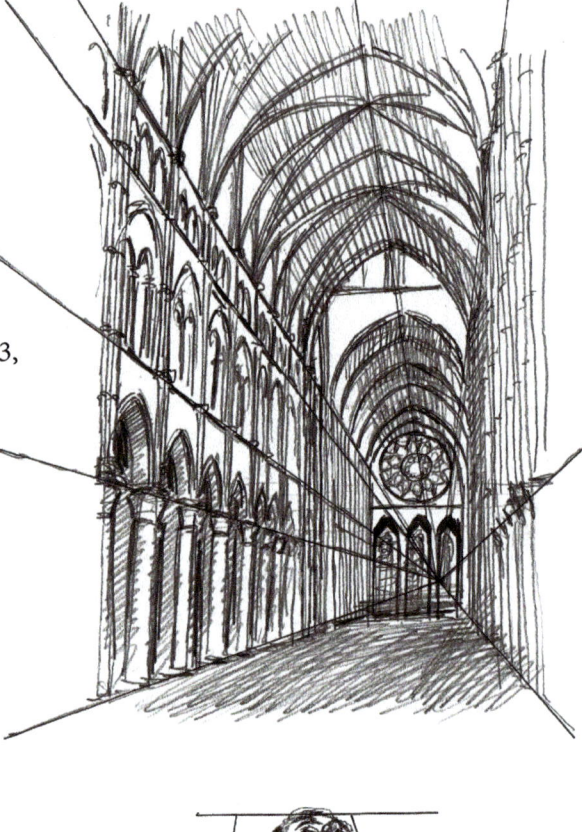

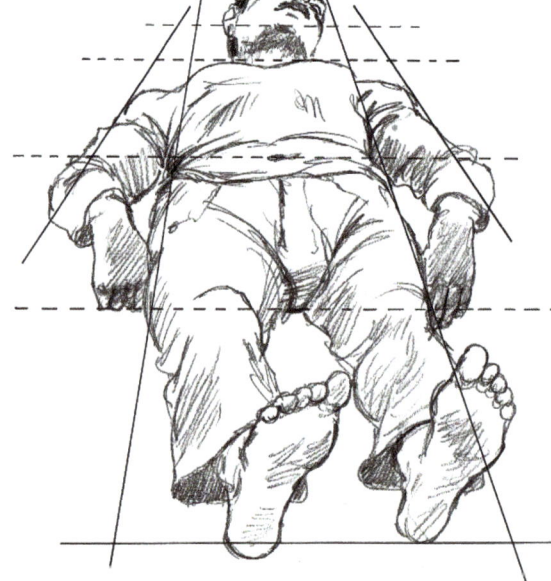